陽気ぐらし

―いきいき生きるために―

佐志信夫著

善本社

はじめに

一枚のチラシから何かしら温かさや生き方考え方のヒントが得られればと思い、書きまとめたものを、この度、善本社からこのような素晴らしい本として出版していただくことができました。

この「陽気ぐらし―いきいき生きるために―」は教祖百十年祭に向かう平成八年から三年間、そしてその後母が最期にお世話になった病院にご恩返しにと十年祭をめどに天理時報特別号とともに置かせていただいたものです。世に「盲、蛇に怖じず」という言葉がありますが、何も知らないからこそ厚かましくも出させていただいた勇気だけを買っていただければ幸いに思います。

ただ毎月の筆耕ですから、テーマを模索するのに苦労しながら偶然にもヒントを得ることがあります。そんなときは教祖が「ここよ」とポッと灯りをかざしてくださったように思い、妻と喜び合い神前にお供えしたものです。

著名な書物のなかで、ある学者が「おふでさき」について、「これは人間が書いたものではない。いかな文豪といえども色が入らなかったら小説にならない」と言っております。「おふでさき」は教祖直筆の和歌体で千七百十一首からなり、「みかぐらうた」「おさしづ」とともに三原典とされ、そのなかでも主たるものです。そして日々拝読させていただく度に教祖のぬくもりを感じさせていただき、新たな一日が始まります。

教祖がご執筆を始められたのは明治二年でしたが、現代社会にもそのまま通じ、この世の真実や教義の根幹、「元の理」を示されて、今も混迷の社会を照らす「陽気ぐらし」への道を明かされています。私はちょびちょび点在するこの世と人間創造の「元始まりの話」に触れさせていただく度に親神様の切なるご苦心と尽きせぬ親心に浸されます。

実は私が三十七歳の夏、八月二十六日の祭典で人間創造の理をこの世に再現する「かぐらつとめ」を拝しました。「かんろだい」周辺の上段からは、まるで谷底を見下ろすような深淵な神秘が漂ってきます。ぢば、「かんろだい」を中心に、かぐら面を着けた十人のつとめ人衆が十柱の神様の働きの理を手振りで表す「かぐらつとめ」がつとめられます。地方の先生が「えーあしきをはろうて」と唄われ太鼓がドンと鳴った時、思わず「ワー」と堰を切ったように涙があふれ、おつとめが終わるまで嗚咽が止まりませんでした。「ああ、ここで九億九万年前、親神様が人間創造の宿仕込みをされたのか」と初めて真実の御親に出会ったような郷愁にかられたからです。そのとき以来私の「元の理」になりました。

おふでさきに「このよふのもとはじまりのねをほらそ　ちからあるならほりきりてみよ」（五-

八十五）と仰せいただきますように、潜在する真実を尋ね、枝葉が八方に広がるように思う存分自らの道を伸ばす自由を与えられる温かさを感じます。

そうした思いで日々見える聞こえる風景を眺めながら原稿を書き綴りました。道端に咲く一輪の花は誰の目にもとまることなく生命の美しさをたたえているように野道でちょっと一息。そんな気持ちでお読みいただければこの上ない喜びでございます。

平成二十八年六月

天理教本千嘉分教会長　佐志　信夫

目次

第一章　「陽気ぐらし」のために

「陽気ぐらし」のために　No.1　平成十六年十月十日

朝、目が覚めると、どんなことを考えますか？

「ああよく眠れた」「あまりよく眠れなかったから頭がボーとしている」とか、それから「今日は何をしようか」とか「誰々に会いたい」などと思ったりします。物思いにふけったりもします。それは第一に生きている証拠です。その命を支えているのは、外からは見えない心臓や肺が、寝ていても私たちの意思に関係なく、一秒間の休みもなく血液を体内に回して新鮮な空気を取り入れ、また腎臓などは一日にドラム缶一本分もの血液を洗ってくれているからです。だけど誰からもお礼を言われることもなく、黙々と働いています。もし五臓六腑にそれぞれお給料をあげたら一生でいくらになるでしょうね。「お陰様で」とは陰の働きに言う言葉ではないのかしら、と思います。天理教では「身は神のかしもの、かりもの、心一つが我がのもの」と教えられます。生かされている感謝の心が、今日一日を楽しくさせてくれるのだと思います。

どうぞ健やかにお過ごしください。

「陽気ぐらし」のために

No.2

平成十六年十一月十日

世の中で「宝」というのは、本質的に三つだといわれます。「健康は宝」「子は宝」「人は宝」です。他人と比較したり金銭で計ったりできないのが、三つの宝です。また「玉も磨かざれば光なし」といわれるように、ちょっとした努力が必要なようです。

言葉に出して「今日は気分がいい」とか「ご飯がおいしい」とか、ささやかなことを喜ぶ、それだけでも健康が磨かれます。

天使のような可愛い赤ちゃんはどこから来たのでしょう? 命の根源は十億年前に遡り、永々と受け継がれてたどり着いた命の誕生。科学者は「生命の本体は誰も見たことがない」と言っています。夫婦の心をつなぎ子孫へと伝承する。あどけない赤ちゃんの笑顔。

人は人との間で織りなす糸のように、人生模様の絵柄を彩っています。教祖は「一日生涯」と仰せられました。一日を一生としてめいっぱい生きる。きっと爽やかな朝が来ます。今日も健やかにお過ごしください。

「陽気ぐらし」のために

No.3　　平成十六年十二月十日

天理教の教祖（おやさま）は、今から百七十九年前（天保九年十月二十六日）天理の道を啓かれました。

それは億年の昔、生命宿しこみの時に母親の役割をなされた由縁によって創造主、親神が、教祖に入り込んで世界助けを始められた元一日でもあります。

おふでさきに「月日にわにんけんはじめかけたのわ　よふきゆさんがみたいゆへから」（十四-二十五）「せかいにハこのしんじつをしらんから　みなどこまでもいつむはかりで」（十四-二十六）とあります。世界一列が兄弟として、互い助け合う陽気ぐらしをするのを見て共に楽しみたいとの思召で創めた、その真実をしらないから、心がいずむと仰せられています。世界は未だに争いが絶えません。親が一番安心するのは、兄弟が仲良くすることだと思います。

命の源、生きる目的や生き方の本元を尋ねれば、そこに大いなる「親」の温かい眼差しが感じられると思います。今日も健やかにお過ごしください。

「陽気ぐらし」のために

No.4

平成十七年一月十日

寒い冬が到来します。北風で身がすくみます。

春爛漫と咲いた桜は、わずか一週間で惜しげもなく花びらを散らせ、そして夏は緑いっぱいに茂り、樹液は大合唱する短い蝉の命を支え、秋を彩る紅葉のあとは葉っぱ一枚も残さない枯れ木となります。しかし、やがて巡りくる春を待っているのです。

「染めなせし、色はなけれど春くれば、柳は緑、花はくれない」。

なんと、この世の営みの親切なことでしょう。ある日、愛の命が吹き込まれ、胎児は十カ月間母胎で過ごし、オギャーと誕生します。

教祖（おやさま）は「蝶や、花やと言うたとて、息一筋が、蝶や花や」と仰せられました。神様に護られてこそ、可愛いのです。

「寝ていても、団扇の動く親心」と等しく、寝ていても止まらない呼吸がありがたいのです。息は言葉にもなれば、人と息を合わせる楽しみも生まれます。

どうぞ、今日も安らかにお過ごしください。

「陽気ぐらし」のために

No.5　　平成十七年二月十日

今、世の中で切実に憂慮されているのは、家族の絆や地域社会との関わり合いが弱まって、さまざまな問題が噴出していることです。

教祖（おやさま）は、葡萄の房に例えて「世界は、この葡萄のようになあ、皆、丸い心で、つながり合うていくのやで」（逸話篇百三十五）と仰せになりました。円満、円滑、円熟、それは縁に通じ、人との縁、お金の縁、命のつながりとなります。人の顔や頭はおよそ丸い感じで整っています。人間本来の心は丸いもので、コロコロと下に転がり、低くあることが豊かさを表現します。低い山の裾野には豊かに野菜や穀物が稔りますが、高い山の頂には雑木しか生えません。

自分を囲む環境は一つの輪であり、それを和でなごむのは「葡萄」のこころではないかと思います。笑う口は丸く、不足で心が濁れば口も「グチ」になります。ちょっとした心がけだと思います。

今日も健やかにお過ごしください。心のご相談いただいています。

「陽気ぐらし」のために

No.6　平成十七年三月十日

「冬来たりなば春遠からず」の諺は、今は人生の苦衷に遭遇しようとも、すぐそこに春が来ている、希望が見えているという意味のようです。

教祖（おやさま）は、世界助けの道を啓くべき、すべてを施し、貧のどん底のなか、かかる不憫な子供を抱きかかえ、親戚の離反、村八分、他宗教の迫害、官憲の弾圧による十数度に及ぶ獄舎への苦労の道にも「どんなことも、神様のお慈悲、先の楽しみや」と仰せられ、また「づつない事はふし、ふしから芽をふく」（明治二十七年三月六日）と、嬉々として通られ、大地に根ざすものは、自然に守られ栄えるという、ひながたの道を示されました。

人生はシナリオのないドラマといわれます。思い通りにはなりません。進退極まった時は「節から芽が吹く」ときです。それは一見不幸と思える病気、あるいは事情であっても、反省と心の立替えによって新しい生き方、人生のレベルアップになると思います。

どうぞ今日も健やかにお過ごしください。

「陽気ぐらし」のために

No.7　　平成十七年四月六日

教祖（おやさま）は「どんな嫌なことを聞いても『ああ、良く聞こえるなー』と喜んで通ったら、結構な道になりますのや」と仰せられました。

このお言葉でふと昔のことが思い出されます。

九大病院耳鼻科で急性中耳炎の手術を受ける予定の前日のことです。ある先生から「人間には九つの道具がある。目、口、鼻、両手、両足、男女それぞれ一の道具。それを理に沿って使えば、健康で実りある人生になるよう神様から創られている。耳は聞くための道具。聞き直し、良悪を正し聞き分けるため二つ付けてある」また「人生は頂上を目指して山をのぼるが如しでそのためにハイハイと体を低くしてこそ登頂できる。それを人の意見忠告に逆らって、イヤイヤとそっくり返ってはふもとに転げ落ちるよ」と諭され、神前で反省とどんななかでも低い素直な心で通ることをお誓いしました。当日、先生から「完治している。手術の必要なし」と告げられ感涙したものでした。

今日も、やすらかな音色で楽しみたいものです。

「陽気ぐらし」のために

No.8　平成十七年五月十日

健康でありたいと思いながらも、生あるものは病気と無縁ではいられません。「宗教では病気は治らない」とよく耳にしますが、宗教が助けるのではなく、「神様が助けてくださる」とすればスッキリします。

教祖（おやさま）は「医者は修理肥え、神の助手」と仰せられました。人を含め、穀物や虫、鳥、畜類などすべての生命は、お百姓さんや医者の届かない神秘の世界から来ています。まして生命の本体は誰も見たことがありません。

億年の昔、何もなかった原始地球で、生命を宿されたのは誰でしょう?

その生命を宿したのは「親なる神」と称えていいのではないでしょうか。大地に擁かれて大木は枝葉を伸ばすように、人間は「この世は神のふところ住まい」とされる天地抱き合わせの世界で生きさせていただいています。「感謝や笑うこと」が病気回復に効果をあげるのは、神が体内で心通りの働き「理」を施されているからだと思います。

今日もご飯がおいしい。ささやかな喜びの中で健康が養われると信じます。

「陽気ぐらし」のために

No.9　平成十七年六月十日

近年、育児ノイローゼや幼児虐待などがしばしばメディアで報じられています。子育てで悩むお母さんは背負うた我が子から「お母さんそこは深いよ、こっちが浅いよ」と浅瀬を教えられている姿だと思います。

「ルーツ」という本に書かれていましたが、アフリカの子供たちは親から狩猟や農耕の知恵をすべて学びます。ある日本人が、子供が親に暴力を振るうような事件があると話すとそこの酋長は「お前の国はクレージー（気が変）か」と真顔で聞いたそうです。古代人は自然の営みのなかから知恵を絞り、技術を開発し今日の文明を築きました。しかし、親子の問題は永遠の課題としてあります。

教祖（おやさま）は「この世は、親が子となり子が親となり、恩の報じ合いや」と仰せられました。子供で幸せを見るのは、前世で親に真の孝養を尽くしたのが天の貯金となり利息が返ってきたと喜び、その反対であれば子供よりむしろ夫、妻、姑さんに真心を注ぐことが苗木の肥やしとなり、育つ楽しみになるように思います。今日もお元気で・・

「陽気ぐらし」のために

No.10　平成十七年七月十日

待望の雨が降ってきました。「与えは天にあり」で、思っても願っても人間の思いは届きませんが、嫌だなと思う長雨も、十日は続かないものです。太古からの歴史、文化、生命は「水なし」では今日ありえません。世の中で宝と評価されるもの（例えばダイヤモンド、金、銀、宝石）に比べ質量は小さいけれど、自然界の生命源の水は尽きることのない無限です。またこの世に生命を生み出した原始地球の泥水を、科学者は「生命のスープ」だと言っています。ちなみに胎児を育む羊水は海洋とほぼ同じ成分とのこと。水の勢いを借りて赤ちゃんはオギャーと誕生します。すぐ産湯、そしてお乳です。

かつてアメリカ大統領ケネディは「歯を磨くとき水道の水を止めよう」と国民に訴え、一人ひとりの節水でその年の半年分の水が蓄えられたそうです。

尽きることのない水を与え、恵み、そして働き「理」こそ無限の親心だと思います。

今日も「温み、水分五分五分」に調和された健康をありがたく思います。

「陽気ぐらし」のために

No.11　平成十七年八月十日

今まさに盛夏。田んぼの稲は灼熱の太陽に浴びせられています。梅雨の水攻め、そして火攻めに遭いますが、やがて秋には黄金の稲穂が波打って収穫の喜びを与えてくれます。米に限らず西瓜や自然に恵まれる果実、野菜にはこの暑さが必要なのです。人間にとって不都合と思える猛暑ですが、おいしい栄養源が培われています。

太陽は地球から一億五千万キロ離れたところから膨大な熱量を四十六億年間も送り続けています。求めることなく与え続ける太陽。この働きこそ、この世と人間を創造された親神の無限なる親心と拝察します。

教祖（おやさま）は「女は火の理や、まわりを明るくし温かく育て、身体では温み」また「男は水の理や、大地、家庭を潤わせ、身体では水気潤いの働き」とその特性を仰せられました。相反する二つが一つなって、健康な身体が営まれ、夫婦も和してこそ、健康な家庭が醸成されるものと思案させていただきます。

今日も暑い最中ですが、健やかにお過ごしください。

「陽気ぐらし」のために

No.12　平成十七年九月十日

以前、学校の父母教師会でＰＴＡ便りの巻頭言で「植物の稔りは、肥えた土地と、日当たりと、時折吹いてくる爽やかな風が条件であるように、子供たちが希求しているのは温かい家庭であり、安らぎであると思います」と述べました。この「風」は夫婦の息「意気」、言葉でしょう。言葉は息が出るときに生じます。表音は「あいうえお」の五音から成り立っています。五音＝御恩に通じるように思います。

寒いとき、手にハーと息をかけて温め、熱いうどんには口をとんがらせてフーと冷たい風を吹きかけます。褒め言葉や笑い声から出るのは息、怒り声や責め言葉は刺す風となります。子供はどちらで育つのでしょうか？

「戦後、なくなったのは遊び場と母親の笑顔」という記事を読みました。父性に授けられた水のごとき理性と泳がす心。母性に授けられた火のごとき情熱と明るさで、そこに風が起こり、豊かな土壌が培われることでしょう。

今日も爽やかな風が、心にそよぐ一日でありますように・・・

「陽気ぐらし」のために

No.13　　平成十七年十月十日

今、家庭の基盤である夫婦の真の生き方が問われています。

ちなみに夫婦が円満で長生きされている共通点を見ますと、夫婦の呼吸が合っており、意気が通じているように思います。昔流に言えば「阿吽（あうん）の呼吸」とでもいいましょうか、ピッタリと通じ合う心を物語っています。

教祖（おやさま）は「夫婦は五分五分の理」として、夫の突く息妻の引く息が、五分五分に調和されてこそ、夫婦の理があると仰せられました。また「突く息、引く息加減一つで内々が治まる」と、言葉の出し方一つで家内が春風にもなれば暴風にもなりそうです。

以前私は喘息でずいぶん苦しんだことがあります。肉体的には薬で治療しますが、「病の元は心から」とされる教理に照らせば、妻との家庭内での呼吸の合わせ方を大いに反省し、心の立替を心がけることで病の根も切れたようで、あの頃を思い出してはありがたく思う日々であります。

何かお困りのことがありましたら、どうぞお声をかけてください。

「陽気ぐらし」のために

No.14　平成十七年十一月十日

生命は人間の力ではつくれないし、人間の意思でコントロールできません。まして子や孫に命がつながっているというのは、やはり目に見えない何かの意思によるものに相違ありません。

医学の祖ヒポクラテスは「包帯を巻くのは私だが、治すのは神だ」と言っています。以前、福岡美術館で「小宇宙」というテーマでドイツ医学グループにより人体標本が公開され、その解説書の中で「人体はまるで宇宙を見るようだ」と表現されていました。

ご神言には「身のうちかりものかしもの、心だけがわがの理」（明治三十三年六月一日）と仰せられました。親神が体内で働いてこそ、ものが言え日々の暮らしができます。それも心一つに施されてあります。今、たとえ病気になったとしてもいっぱいのご飯がのどを通れば「ああ神様が働いてくださっている。ありがたい」と生命の尊さに気が付けば、どれほど健康に復する力を生み出すか分かりません。

今日も健やかにお過ごしください。ご意見いただければありがたく存じます。

「陽気ぐらし」のために

No.15

平成十七年十二月十日

秋も深まり、紅く染まっていた桜の葉もハラハラ散って、毎朝の掃除が日課になっています。「葉っぱのフレディー」という詩がテレビで朗読されていました。枝から離れる葉は、残る仲間に別れを告げ、潔く地面に落ちていきます。植木は主の下駄の音を聞いて育つとも言いますが、それは億年の昔、生命起源の元始まりはみな同じ細胞、つまり同じ親から生まれ、進化と分化の歴史のなかで今日の人間を含め自然界に生きる一千万種の一つだからと思います。生きるということは、誕生と死の生命活動で成り立っています。ちなみに赤ちゃんの成長は細胞分裂と増殖によりますが、老いて亡くなるとき、その細胞が機能を果たし順序良くなされて天寿を全うする姿になると思います。

あるとき、伐採した枝の葉は枯れても離れないのに、梢の葉はやがて訪れる春に備えて、一枚も残さず散るように「枯れ葉が落ちるのも天理だなあ」とつくづく感じ、「生命の尊さ、生きる喜び」を再認識したものです。

今日も安らかな日でありますように。何かありましたらどうぞご連絡ください。

「陽気ぐらし」のために

No.16　平成十八年一月十日

今年は戌年です。昔から「犬は三日育てれば三年の恩を知る」と言われて忠犬ハチ公や、外国ではフランダースの犬などが名犬として知られています。それはご主人の恩に報いる「感謝」の姿だと思います。

このごろよく「感謝」という言葉を聞きますが、感謝には「謝る」という字がついています。なぜでしょう？生きる上で何よりも大切な健康を維持するのは食物で、食事の前には必ず「戴きます」と手を合わせます。この意味についてドイツのテレビ番組でいい答えを見つけました。子供の見ている前で大人たちが、それまで育てた豚を殺し腹を裂き、約七時間かけて肉をさばき、ソーセージも作り、一滴の血さえ無駄なく食肉に加工しました。子供は「人間のために豚は命をささげているんだなあ」と思ったでしょう。

教祖（おやさま）は、魚でも「人間においしいと言って食べてもろうたら喜ばれた理で今度は出世して生まれ替わるごとに人間の方へ近うなってくるのやで」と仰せられました。含蓄あるお言葉です。健康を喜び「戴きます」と心から手を合わせたいものです。

「陽気ぐらし」のために

No.17

平成十八年二月十日

人生山あり谷ありとよく言います。順調にいっているときは「上り坂」、何をやってもうまくいかないときは「下り坂」とも言います。

ところが人生はそう判で押したように単純なものではないように思います。

それは上り坂と下り坂の間にもう一つ「真坂（まさか）」という坂があるといわれます。

「まさかこんなことになろうとは」と嘆くこともあれば、「まさかこんな夢がかなうとは」と歓喜することもあります。人生はこの「真坂」という現象で一喜一憂していることが多いと思います。

では「いいまさか」に出会うにはどうしたらいいでしょうか？それはご神言に「よきたねまけば、よき芽がふく―中略―あんじはいらんと大きい心もちて理をおさめ」（明治二十一年六月）とありますように、自分の仕事立場を超えて、陰ながら、人に会社に、親や妻、夫に尽くす誠の心が「種」となって、忘れていても芽が出て真実を結ぶことと思います。

今日も、「いいまさか」の種を蒔きませんか？

「陽気ぐらし」のために

No.18

平成十八年三月十日

産婦人科医であり「日本笑い学会」理事長の昇　幹夫氏は、笑いがいかに人生を明るくし健康にするかの全国講演で、忙しい毎日を送っておられます。講演中会場は笑いの渦でした。例えば「男はボケたとき、最後まで覚えているのは奥さんの声と顔。女がボケると最初に忘れるのは亭主の顔と声」だと言う話（男性にとっては笑えない話ですが）。

ともあれ、ＮＫ細胞は「笑い」で増殖し、癌などをやっつけてくれるそうです。また、癌が完治した百人と告知され加療中の千人による「千百人集会」が開催され、激励のエールを送り合い、希望を見出されたという声もあります。ある科学者によると、糖尿病の患者二十人が「吉本新喜劇」で大笑いして血糖値が下がったとのことです。

教祖（おやさま）は「病の元は心から」と仰せられました。「今」体内ではすさまじい生命活動が行われています。「病気を直さず、自分を直せ」として、病気の前より豊かに生きておられる尊さを学びました。

桜便りで、もうすぐそこに春風を感じます。今日も元気でお過ごしください。

「陽気ぐらし」のために

No.19　平成十八年五月十日

このごろテレビで生物学者チャールズ・ダーウィンのシリーズ番組が放映されています。一八五九年「種の起源と進化論」を定義づけ、それまでの定説を覆しました。「地球上のありとあらゆる生物は同じ時、同一起源から一粒の種の細胞をもとに始まった同一家族である」とし、それはすべての生物の細胞核の染色体には同じ遺伝子A・G・T・Cの暗号が書かれているとの論拠からです。しかし未だに経済摩擦、民族紛争、環境汚染問題を地球規模で抱えています。身近では悲しい事件事故が相次いで起きています。

教祖（おやさま）は「人間は親神によっておよそ九億九万年前、混沌とした泥水の中から陽気ぐらしを目的として創造され、世界一列は皆兄弟である」と仰せられました。「人類が生命の起源から、永々と進化と分化の歴史を潜り抜けながら命の伝承によってここにたどり着いた」という共通の認識に目覚めたなら、きっと世界は一つになり、平和な日々が訪れるに違いありません。

今日も健やかな日でありますようお祈りいたします。

「陽気ぐらし」のために

No.20　平成十八年六月十日

最近、育児ノイローゼやネグレクト（育児放棄）、幼児虐待、そして離婚で家庭を失う子供など母子の苦衷を推察すると胸が痛みます。世の中は中心が保たれて安定をもたらします。宇宙は一定の法則を中心に運行しています。地球は南北を軸に自転して一日となり、太陽の求心力と遠心力で公転し一年となり、春夏秋冬が巡り大自然の美と食物を与えてくれます。また月も地球を中心にして回り、海の干満で魚介類に命を与えています。人間はこうした目に見えぬ大いなる理（働き）で生かされています。そして生命起源の時に組み込まれた種族保存の本能から異性に愛を求め夫婦となります。

教祖（おやさま）は「夫婦となるも前世のいんねん」と仰せられました。億年の昔からたどりついた夫婦の縁。そして天性としての夫の「水の特性」と妻の「温みの特性」が調和され、そこに通う息、呼吸が子供を豊かに育てます。そのための心を養う土壌が「思いやり、助け合い」という肥（声）だと思います。

もう一度、子育ての原点に心を置いてみたいと思います。

「陽気ぐらし」のために

No.21

平成十八年七月十日

梅雨の真っ盛り。野も畑も雨水を吸って青々と緑を濃くしています。昔から作物は月の雫（しずく）で育つといわれます。また月の引力で潮の満ち引きがあって魚介類が育ちます。遠く億年の昔人間は、原始地球の泥海から誕生した微生物から進化と分化を繰り返しながら、今日一千万種類の動植物の一員として存在します。ちなみに夫婦の営みからの受精卵は、まさに微生物からの進化です。胎児を育む羊水は海水とほぼ同じ成分だといわれます。やがて十月十日経つと水の勢いを借りて「オギャー」と誕生します。早速産湯を使いおっぱいを飲みます。生活になくてはならぬ水のありがたさ。そして生涯の終焉で身をお返しするときには末期の水をいただきます。

ご神言に「この世界は、火と水とが一の神」と仰せられました。そして水の姿になぞらえて「水は潤い、低い素直さ、汚れを自ら引き受け相手の心を洗う、許す、泳がす心」を表しておられるように思います。

朝、顔を洗うときや夕べにお風呂で「ありがとう」と手を合わせたいものですね。

「陽気ぐらし」のために

No.22

平成十八年八月十日

天理では夏の祭典「こどもおぢばがえり」が、家庭や親に対する感謝、友達との助け合い、生きる喜び、ものへの感謝の心を養う目的で開催され、七月二十六日～八月四日の十日間におよそ三十万人の子供たちが集います。最近、「一様に」とか「友達がもっているから」とかでどこまで子供の要求に応えたらいいのかで悩むお母さんが多いように思います。ところでお百姓や植木屋さんの言葉に「根が上がる」というのがあります。やたら肥をやり過ぎて根が下がらず、土の上へ上がって実にならないということです。特にトマトなどは枯れる寸前まで待って、今だというときに水を与えます。すると勢いよく根から水を吸い上げ、実に送ります。子育てでも「我慢、辛抱、忍耐」は実は親の姿勢にあるように思います。

教祖（おやさま）は「育てば育つ」と仰せられました。その子の、こう育ててほしいと送るサインを見極める。これが子育ての原点ではないでしょうか。

今はまさに夏の盛りです。育てるために心地よい汗をかきたいものです。

「陽気ぐらし」のために

No.23

平成十八年九月十日

子供の虐待や親への復讐といった悲惨な事件が毎日のようにテレビで放映されます。「山鳥は山焼けて飛び立たず」という諺があります。山火事になっても雛のために共に命を捨てる母親の愛の深さを表しています。人間は万物の霊長として地球上で欲しいがままに文明文化発展の至福に浸っているはずなのに国と国の戦争が終わったこの平和の中で争いは家庭に侵入しています。なぜ親はいらだって子供にあたるのでしょう？最たる原因は夫婦の治まりがないからだと思います。夫婦の心がそぐわないで、その腹いせが子供に向けられています。元一日は愛で結ばれ、夫婦の営みで約三億の精子の一匹が卵子に選ばれ、胎内の神秘な生命活動により授かった子供の命なのです。

教祖（おやさま）は「夫は天の理（はたらき）、妻は地の理でその中に擁かれて育つ作物が子供や」と仰せられました。それぞれ特性を生かし合えば、天地＝家庭は治まり子供は自ら育つ力を発揮します。「親という字は立つ木（子供の成長）を見る」心だと思います。

世情を見ながら、何らかでも手を差し伸べられたらと思うこのごろです。

#「陽気ぐらし」のために

No.24

平成十八年十一月十日

朝のテレビ番組みのもんたの「朝ズバ」に届いた膨大なファックスから悲痛な叫びが聞こえてきます。

十数年前のラジオ放送で都会砂漠「子供たちのＳＯＳ、子供の心が見えなくなった親たち」を聞きました。子供が今何を考えているのか、友達関係はどうなのか？そんなことより勉強しているかどうかにだけ気になって、子供の心が読めません。いじめる子、いじめられる子、どちらもストレスで心が病み心が弱くなっているものです。子供は家庭（家の庭）で育つ苗木です。それには父親の特性の「水の潤い」と母親の「温かみ」とその中にそよぐ「風」という心の通いが最良の条件でしょう。そこからはどんな苦節にも耐えられるたくましい心の根が育ってくるに違いありません。

教祖（おやさま）は、「二人の心を治めいよ。何かのことも現れる」と仰せられました。いかなることも良きようになってくるということです。

どうぞ今日もやすらかにお過ごしください。

「陽気ぐらし」のために

No.25

平成十八年十二月十日

ある落語家の話。「海の波が打ち寄せて、引いては打ち寄せるリズムは、人間の呼吸と同じ一分間に十八回であり、それを足したのが体温の三六度です」。これは真理のように思います。ついでに申しますと胎児を育む羊水の成分はほぼ海水と同じで海の満ち潮どきに生まれ、人生を終わるときは引き潮どきに息を引き取ります。まさに人間は自然の一員です。ちなみに人体を構成する六十兆個の細胞の一個を一秒で数えると百九十万年かかります。科学者は「細胞の世界はまるで宇宙を見るようだ」と言っております。

教祖（おやさま）は、「からだは神のかしもの、かりもの、心一つが我がのもの」また「この世は神のからだ、にんげんは神のふところずまい」と仰せられました。神在りとすれば、この世は我が子を思う親心そのものでありましょう。

昨今のいじめや自殺、児童虐待などの問題は、現象のみにとらわれず、今一度、命の尊さ、生かされていることの「真実」を見直すことが大切だと思います。

どうぞ今日もやすらかにお過ごしください。

「陽気ぐらし」のために

No.26　　平成十九年一月一日

今年は亥年です。この年生まれの人は猪突猛進、目標に向かって脇目もふらず勢いよく進むという性格の人が多いといわれています。「一年の計は元旦にあり」でそれぞれに今年の目標や計画を立てていることと思います。しかし、行く手を阻むハードルにぶつかるかもしれません。幸せとは計画がその通りに行くことだと言えます。

天理の教えでは、戌亥（乾）の方角には「月よみの命」という神様が「人間身の内、骨突っ張り、男一の道具、世界では万突っ張りのご守護」を司られておられます。この神様のお好きな心使いは、骨のように見えないところから親、主人、社長、先生、師匠などの目上の人や相手の思いを立てることです。そうすれば計画が思い通りに成り立つ、人から立てられる、立身出世、運命が立つご守護をいただきます。反対に、自分の思いのみを立てるとすべてが成り立ってこないということになります。

教祖（おやさま）は「何を聞いても見ても、腹が立たないのが心が澄んだ人や」と仰せられました。今年も心澄ましてチャレンジを楽しみたいものです。

「陽気ぐらし」のために

No.27　平成十九年二月十日

「いい暮らし」と「いい人生」は一見同じようですが、本質は違うように思います。いいものを食べ、いい服を着て、立派な家に住み、ときには海外旅行で楽しむ。これは誰もが羨みます。しかしそれが物やお金を頼りであったなら、物量が尽きたら価値観を見失います。半面、人を対象にして「誰々のために」という生き方なら、人に生かされ、環境に恵まれた豊かな人生になると思います。

スペインの諺に「一日だけ幸せでいたいなら床屋に行け。一週間だけ幸せでいたいなら車を買え。一カ月だけ幸せでいたいなら結婚をしろ。一年だけ幸せでいたいなら家を買え。一生幸せでいたいなら正直でいることだ」とあります。今すべきことは手抜き先送りしないで、心と体を十分に使い、時間や環境に合わせた「成る程の人」をめざしたいものです。

教祖（おやさま）は「働くとははたを楽させること」と仰せられました。主人、奥さん、社長、社員とさまざまに相対する人のために生きること。それがいい人生だと思います。

今日もやすらかにお過ごしください。

「陽気ぐらし」のために

No.28　平成十九年三月十日

全国で老人福祉施設の入所者は二十八万人、入所待ちが三十八万人と報道されました。それも現社会の一つの選択肢かもしれませんが、こんな話を聞いたことがあります。ある若い夫婦が真っ赤なスポーツカーを施設に乗り付けて年老いた母親を入所させました。その夜の食卓を囲んでの家族の会話。小六の子供が「僕が大人になったら、お父さんたちもおばあちゃんの入った所に入れるね」とさも楽しそうに言いました。夫婦は慌てて母親を迎えに行ったそうです。

教祖（おやさま）は「この世は親が子となり、子が親となり、恩の報じ合い」と仰せられました。時の流れは昨日、今日、明日とあるように、子供は前世では親とされます。だから神様から「子供が可愛い」という心を与えられ、楽しみながらご恩返しをします。そして来世は子が親となります。こうした恩の送り合いの気持ちから、我が子を愛すると同様に親に孝養を尽くす姿となって円やかな家庭が築かれます。そこにきっと子供に優しい心の芽が育っているに違いありません。今日もやすらかにお過ごしください。

「陽気ぐらし」のために

No.29　平成十九年四月六日

やっと桜の季節が来て人々は花見で賑わいます。しかし人の心を知る由もなく春風に惜しげもなく潔く散ります。昔の人は「散る桜、残る桜も、散る桜」と、世を去る人を見送る人もいずれは見送られる人になる、と詠っています。日本中に笑いを振りまいた人気者クレージーキャッツの植木等さんが先日亡くなりました。人は皆自然の定めに平等に「散る桜」だなとつくづく思いました。しかし花のあとは緑葉が夏中茂り、秋風の立つころは真っ赤に染まり、やがて冬枯れの寒さに一枚の葉も残さず散ってしまいます。

ところが、いつか教会の屋根を覆う桜の木の枝を伐採して束ねたとき、枯れ葉が枝から離れることはありませんでした。そのとき「枯れ葉が散るのも天理だなあ」と思い巡らしながら、酷寒のなかで既に枝先に花芽をつける大自然の営みに胸を打たれました。

教祖（おやさま）は「死ぬのやない、古い着物（肉体）を脱ぎ捨てて、新しい着物を着替える出直し」と仰せられました。自然の摂理で新しく生まれる変わる命の尊さを、散る桜が教えてくれたように思います。

「陽気ぐらし」のために

No.30　平成十九年五月十日

時の明治政府は「天皇は、伊勢の皇大神宮に祀られている天照大御神の子孫で現人神である」と神格化して国民を統制し、軍国主義へと導きました。その情勢下でおふでさきに「せかいぢういちれつわみなきょたいや　たにんとゆうわさらにないぞや」（十三‐四十三）と説かれました。「寄らば大樹の陰」といわれる世の中で十数度に及ぶ獄舎への苦労を強いられました。にもかかわらず「この世の真実」をお啓きくださる道は止まることなく、かかるなか明治二十年陰暦正月二十六日、九十歳で現身をお隠しになる火急の際、お側の人たちは枕辺で「法律に逆らうことはかないません」と涙ながらに訴えます。

しかし教祖は「月日（おやがみ）があって世界がある、それそれ（森羅万象）があって身の内（人間）がある、そして律がある、しかしいかに律があっても、心定めが大事や」という意を仰せられました。心定めとは人間創造の親の思い「互い助け合いによる真の生き方、陽気ぐらし」の心であると思います。昨今取りざたされる夫婦、親子、学校や社会構造の中で真のよりどころこそ明るい家庭、豊かな人生のキーワードだと思います。

今日もやすらかにお過ごしください。

「陽気ぐらし」のために

No.31

平成十九年六月十日

相撲界で一つの歴史が動いた。白鵬が全勝優勝で横綱に昇進した。インタビューで「うれしいス、両親に喜んでもらえる」と恩返しできたことへの喜びいっぱいでした。またボクシング界でもいまやその名が一世を風靡している亀田興毅も先日の世界チャンピオン防衛戦で勝ち、「ウオオー」とおたけびをあげたあと「これで親父に喜んでもらえた」と感涙にむせびました。さらに柔道の五輪金メダリスト古賀稔彦は、ソウルオリンピックで三位に敗退し無念の思いで礼をした。あとで控室のテレビで、どよめく観衆の中、両親が深々と頭を下げている姿を目にして陰ながらの両親の気持ちを忘れていたと反省、それからは、勝つことのみの自分から、負けを恐れずに競技に臨んだ」と語りました。トップに立つ人には一つの共通点「親孝行」が心の底にあることに胸が熱くなりました。

教祖（おやさま）は「親への孝行は、月日の孝行と受け取る」と仰せられました。その心は神様に通じ、思いが思うようになる喜びとお返しされるということです。

今日もやすらかにお過ごしください。

「陽気ぐらし」のために

No.32　平成十九年八月十日

幸福の条件として第一にあげられるのが健康だといえます。そして健康であるために食生活や生活のリズムをよくする、あるいはストレスを溜めないとかいわれます。しかしいかに条件がそろっても、ときとして病にかかることがあります。では健康の元はどこにあるのでしょうか。健康を支えているのは生命の働きです。生命は精子と卵子の結合に始まり、オギャーと生まれてから一秒の休みなく心臓や肺が動きます。しかし「命の本体」を見た人はいません。誕生というのが両親の存在を明かすのと同様、生命の起源は十数億年前、原始地球に生命を吹き込んだ「人類の親」の存在を証明することになります。そこから悠久の進化の歴史を経ながら伝承された私たちの命です。

おふでさきで「このよふのぢいと天とハぢつのをや　それよりでけたにんけんである」（十-五十四）「天を父とし、地を母として生まれた人間」と仰せられました。

健康の元は、無限の「親心」に触れての至福意識と感謝の心と存じます。

どうぞ、今日も健やかにお過ごしください。

「陽気ぐらし」のために

No.33　平成十九年九月十日

寄稿してちょうど三年になり、協力いただいている病院に心から感謝しています。ところで「三」という数字に目を向けてください。「石の上にも三年」とは辛抱、忍耐を表していますし、奇数で分かれない、つなぐところから結婚式の三・三・九度の杯で誓いを契ります。また三はお産に通じ、胎児が三カ月で表皮ができるのも不思議です。そして二人に子供ができて、三になり子孫につながっていきます。

天文学者ニュートンは「宇宙は何かの意思で動いている」と言いました。自然の一員である人間も「何か」の意思で生かされているように思います。

ご神言に「事実というは火、水、風」（明治二十年一月十三日）と称されました。この三つの働きが自然を育み、人間を慈しまれる親心であります。そして真の幸せ「陽気ぐらし」ができるようにと、女性には火の温かさ、男性には水の潤いの心を与えて、そこに通う心・息によって人が育ち、子供の心が養われると仰せられました。何気ない三の数字を心の片隅に置いてはいかがでしょうか。

どうぞ今日もやすらかにお過ごしください。

「陽気ぐらし」のために

No.34　平成十九年十月十日

今年の国民意識の統一標語は「命」でした。しかし、命を粗末にする事件がなんと多いことでしょう。かつて熊本の病院が「赤ちゃんポスト」を設置して話題になりました。この件では、親が分からないけれど命を救おう、という意見と、産みっ放しで無責任な親を増長させるだけという反対意見に分かれました。いずれにしてもその赤ちゃんは何も意思や選択肢のないまま、児童福祉施設に委託され、やがて自我が目覚めたとき「私はだれなの？」と、自分の存在すら認められない苦衷に立たされるかもしれません。こうした子供たちの背景には「性格の不一致」を理由にした離婚による家庭崩壊があると言えます。

おふでさきで「をやこでもふうくのなかもきょたいも　みなめへくに心ちがうで」（五-八）と仰せられました。お互いが違いを認め、足らざるを補い合い、子供の特性を見極め育てるなかに夫婦で「一つ心の喜び」を見出します。後になってまとめてできないのが子育てです。子供たちの命と未来は「今日」のなかにあるのですから。

秋も深まる折からです。今日もやすらかにお過ごしください。

「陽気ぐらし」のために

No.35

平成十九年十一月十日

家庭の安定、世界の平和を望まない人はいません。しかし、さまざまな悲しい出来事が多発しています。それでも崩れたバランスは保たれています。

神様の言葉に「二つ一つが、天の理」とあります。世の中は相反する二つが一つに統合されて一つの働きをするということです。火と水は敵同士です。それが調和されて平温となり作物が稔り、身体は平熱で健康が保たれます。この天の理は、この世を構成する原初の「元の理」から始まります。

親なる神は、混沌とした泥海から、「人間の互い助け合う陽気ぐらし」を楽しみにこの世を定め、人間を創造されました。その生命の素地は全く異質な二種類の微生物が一つになって夫婦に子を宿す働きでした。そして「一筋心」を夫婦の本質とされました。男と女は気質、機能は違いますが、「二つ一つ」の理によって反対なるものの中にこそ、共有のものを生み出す要素があることを、今一度見つめ直したいと思います。

どうぞ今日もやすらかにお過ごしください。

「陽気ぐらし」のために

No.36

平成十九年十二月十日

今年もあとわずかになりました。年を重ねることと老いることとは、意気込みが違うように感じます。

現在九十六歳でなお医療活動されている日野原重明先生に、遺伝子工学の村上教授が元気の元を尋ねられました。すると「天空に大きな円を描き、そしてその円を完成させずに自分がその円の弧（アーク）になる。小さな円なら短い年月でできるでしょう。途方もない大きさの円を描こうとすれば僕の生きている間は到底できない」また「大きな円を描くためには、人から人へその仕事を受け継いで後に続く人が完成してくれることを期待する」とその壮大なビジョン（未来像）を示されました。村上教授は「ナッシンググレート（何か偉大なもの）はすべての人に平等に遺伝子を与えられているが〔思い〕によって遺伝子は変わる。例えば〔頑張ろうという思い〕が眠っている遺伝子をスイッチオンさせれば見違えるほど能力が発揮される」と解説されました。

教祖（おやさま）は「身は一代、心は末代」と仰せられました。

新しい年を元気でお迎えいただきますようお祈りいたします。

「陽気ぐらし」のために

No.37

平成二十年一月十日

今年は子年です。十二支の干支からすれば最初にあたります。方角は北で、丑寅（東北）と続き季節は冬です。人生においても、春のうららかさ、夏の汗、秋の収穫、そして冬の厳しさを経ることになります。しかしどんなに身が縮む寒さでもそこに大きな意味があるように思います。「冬来たりなば春遠からじ」の訓言には、その寒さを越えれば必ず春が訪れると勇気を与えてくれます。私方の裏手には桜が林立していますが、今は木の葉一枚もなく枯れ木のように寒空に佇んでいます。ふと見ると小枝にはもう堅い花芽をつけて春を待っています。自然の営みにそっと合わせているのに気づき、確かに応えられる「何か偉大なもの」のお計らいに温かさを感じました。

おふでさきでは「いまのみちいかなみちでもなけくなよ　さきのほんみちたのしゆでいよ」（三－三十七）と仰せられました。どんななかでも今を踏みしめ先を見つめ、明るく歩むうちにやがて「成るほどの道」に到達すると信じます。

「さあこれからや」この心に春は間近です。元気で頑張りましょう。

「陽気ぐらし」のために

No.38　平成二十年二月十日

ここ数日急に寒くなりました。しかし子供たちは「風の子」といわれるぐらいで外を走り回っています。どこから元気が出るのか、まるで寒風に咲き誇る梅のようです。梅は「松竹梅」としてめでたい時に飾られます。

教祖（おやさま）は、その姿形によせて見事に花言葉を詠われました。「松は夫の心」です。松は一年中色を変えません。強靭な幹と枝ぶりで、葉を八方に広げています。男はいったん決めたら心を変えず、仕事で八方に向かい、家を守ります。そして「松は枯れても二人連れ」と、どんなときも妻の手を離さない心を示します。「竹は女の心」です。見るからに優しい木で、割っても跡が残りません。雪が葉に積もってもじっと春を待っています。しかし地震のときは誰もが竹やぶに逃げ込んできます。そんなときは皆を抱きかかえて守る底力があります。「梅は元気な子供の心」です。「松は松らしく、竹らしく、そして梅らしく生きてこそ夫婦、親子の絆が深められて、幸せな人生が送れる」と仰せられました。

どうぞ今日もやすらかにお過ごしください。

「陽気ぐらし」のために

No.39　平成二十年三月十日

先日テレビで、新見南吉の「狐」が朗読された。南吉は四歳で母と死別。生涯母の面影を追い続け、多くの童話集を遺して二十八歳で去った。「七人の子供たちが村祭りに行って、文禄はお店で下駄を買った。そのとき後ろから腰の曲がったおばあさんが『夜、下駄を下ろすと狐がつくよ』と言って魔除けをしてくれた。祭りが済んでみんな同じ気持ちで急ぎ足になった。そのとき誰かが『コン』とせきをした。『今の誰?』文禄と分かったらみんな逃げるように立ち去った。家でお母さんが『さあお祭りのこと聞かせておくれ』文禄がおばあさんのことを話すと『そんなことは迷信よ』と大笑いした。文禄はじーとお母さんの顔を見て『もし僕が狐になったらどうするの?』『そしたら狐は家においとく訳にいかないね。山に連れていくよ』『そしたら母さんはどうする?』『文禄がいないなんて人間やめるよ。明日下駄買って狐になりますよ。そしてひっそりお父さんと暮らそうね』『だけど山では猟師が犬を連れて鉄砲で撃つよ。僕足が遅いから』『そしたら母さんが犬にかまれて猟師に捕まるから、その間にお父さんと一緒に逃げるのよ』『そんなのいやだ』思わず母の胸に飛びついた。お母さんもそっと袖で涙をふいていました」忘れかけた心の郷愁です。

「陽気ぐらし」のために

No.40　平成二十年四月六日

教祖（おやさま）は、寛政十年四月十八日に徳川幕府・藤堂藩の村役、前川半七正信の長女として生まれました。十三歳で嫁ぎ、下男下女を抱える大庄屋の中山家の人となられ、夫、舅姑によく仕え、人一倍働き者だと、家内や村人からも「中山のご新造さん」と称え慕われていました。しかし、天保九年十月、突如先祖伝来の家財、財宝、田地田畑に至るまで手放して貧しい人々に施され、貧乏のどん底にまで落ちていかれました。

「物欲、執着を去れば明るさが生まれ、陽気ぐらしができる」ことを実践されるためでした。こうしたなか、母屋を売り払うときは大工に「さあこれから世界の普請にかかる。祝ってくだされ」と酒肴を振る舞われました。村人たちは「これで中山家は終わりや」と蔑んだに違いありません。それから百七十年、今宗教都市天理市は「お地場帰り」（人類の創造地）と全国はもとより世界から「おやさま」を慕う人々で賑わっています。誰もが心安らぎの故郷を感じるところだと思います。

春もたけなわ、今日も健やかにお過ごしください。

「陽気ぐらし」のために

No.41　平成二十年五月十日

先日「しいのみ学園」創設者の昇地三郎園長にお会いした。今から五十数年前、小学校から並んで見に行った映画は、素朴な映像と♪ぼくらはしいのみ、まあるいしいのみ♪と歌ったあのメロディーは今でも耳に聞こえてきます。

その園長が百二歳にしてなお百歳児記念=世界一周九カ国講演旅行を完遂され、再び今年八月四日から国連本部、サンパウロ大学、アフリカ・セネガル文部省、ベルリン大学のほかフィンランド、スウェーデン、トルコなどへ講演に赴かれます。

その出で立ちには人生を教育一筋に挺身された方と思えぬ穏やかさと親しみを感じ、特に父の面影と重なり（同世代に昇地先生は広島師範、父は佐賀師範を出ているので）懐かしさから時を忘れてお話を聞かせていただきました。

「しいのみ学園」は二人の男児が脳性小児マヒを患い、学校にも行けぬ苦衷のなか、「同じ悩みの人がいるはず」という思いで「枝から落ちた小さなしいのみは落ち葉の下に埋まって人や獣に踏みにじられているが、これに温かい水と太陽の光を与えてやれば必ず芽を出してくる」とし、残された才能を伸ばし、心を育てる障害児のための学校として設立されました。そしてそれを求める親の心は波紋のように広がって、今日、養護学校は全国で四百七十校に達しています。

頂いた本の見開きに「医学には限界があるが、愛情には限界がない」と書かれた一文に胸打たれました。

親神様は「世界一列はみなわが子」と分け隔てない御心でお守りくだされています。与えられた人生で、いかなる道もそれを大いなる慈悲と受け止め、踏み越えていくなかに、真の生き方が見えてくるものと思います。

今日もやすらかにお過ごしください。

「陽気ぐらし」のために

No.42　平成二十年六月十日

今、朝のテレビドラマ「瞳」が放映されています。家庭を失った子供たちが家族のように生活を共にする里親制度をテーマにしたストーリーです。里子は十八歳になると社会的に自立して巣立っていきますが、それまで家庭のぬくもりで心を安らげ社会に通じるマナーや良識を身に着けさせてやるのが里親としての務めです。当方も里親としてこれまで数人見送り、現在四人の男子を預かっていますが、毎日がドラマです。私の両親は、子供が次々夭折する薄命から救いを求め子供への愛情を断ち切り、生涯人助けの道を奔走しました。そのため私は佐賀の上級教会に預けられて育ちました。時折寂しかったあのころが思い出されます。それだけにこの里子たちは「神様からの授かり子」と思い、気兼ねなく伸び伸びと暮らしてくれること、そしてできるだけお手伝いして人に尽くす、喜んでもらう心の豊かな人間に成長してもらいたいと思う日々であります。天理教で里親をされている教会も多いのですが、私が里親をさせていただく気持ちになったのは次のお話が心の琴線に触れたからかもしれません。

教祖（おやさま）の逸話に、ある婦人が、乳不足で悩んでいる母親から相談され教祖にお伺いしたところ「人の子を預かって育てるほど大きなお助けはない」「真実の心さえ持っていたら、どんなにでも神が働く。案じることはいらんで」とお諭しを受けて赤ちゃんを預かることになりました。すると不思議にもお乳があふれるほど出て赤ちゃんは丸々と育ったということです。明治時代のことですが現代の里親にも通じる話のように思います。

また初代真柱様（教祖の孫）の「人の子もわが子も同じ心もて、おふしたてよこの道の人」の精神を柱として、親から育ててもらえない子供たちを養育する「天理養徳院」が設けられています。

おふでさきに「せかいぢういちれつわみなきょたいや　たにんとゆうわさらにないぞや」（十三―四十三）と仰せられますように、この世のすべてに他人はなく、みな兄弟であるという真実に目覚めたら、きっと民族紛争や戦争もなくなり真の平和が訪れ「陽気ぐらし」ができるものと思います。同じ空気を吸い、同じ水を飲み、あまねく照らす太陽のぬくもりを同じように受けていることは、既に兄弟だという証拠だと思います。少し視点を変えたら真実が見えてくるのではないでしょうか。

今日もやすらかにお過ごしください。

「陽気ぐらし」のために

No.43

平成二十年八月十日

教祖（おやさま）は、ある日食卓に並ぶ魚やエビなどをご覧になり、そのなかの一番大きそうなのを取り出され、子供にでも聞かせるように「みんなにおいしいと言うて食べてもろうて、今度は出世しておいでや」と仰せられ、それからお側にいる人たちに「こうして一番大きなものに得心したなら、あとは皆、得心する道理やろ」と仰せになり、さらにまた「みんなも食べるときにはおいしい、おいしいと言うてやっておくれ。人間においしいと言うて食べてもろうたら、喜ばれた理で、今度は出世して生まれ替わる度ごとに人間の方へ近うなってくるのやで」とお教えくださいました。

飽食の時代といわれる今日、偏食したり食べ残したりして膨大な残飯をつくり出す食生活は、スーパーで命を差し出して人間の栄養となる畜類、鳥類、魚類の命の尊さをも見逃しがちになります。食事のときに子供に「おいしいと言って食べたら、お魚や牛や豚さん、鶏さんたちも喜んで体の栄養になってくれるんだよ」とお話したら、きっと心も養う食育が培われると思います。

今日も暑さ厳しいなかですが、健やかにお過ごしください。

「陽気ぐらし」のために

No.44

平成二十年九月十日

北京オリンピックも大過なく終わりました。選手たちはすべての力、技を出し切ってその成果が評価されました。そのなかで女子レスリングの伊調千春は「今まで頑張ってくれた自分の体に感謝します」と語りました。その一言から、人知れず過酷で血のにじむような練習を物語る重みを感じました。

私たちの体では、心臓が一秒の休みもなく血液を全身に送り続けています。それをなんのお礼も言われることなく、黙々とろ過している腎臓や、寝ている間も呼吸を続けている肺があります。何気なく「今日もお陰様で元気」と口にするお陰様は親なる神の陰からの働きに対して思わず出る感謝の言葉かもしれません。世界の学者が研究しても分からない、誰も見たことがないのが命の本体です。

ご神言で「体は神のかしもの、かりもの、心一つがわがのもの」と仰せられました。借り物ならばいつかお返しするときまで、スポーツや趣味、勤労、子育てなど存分に使わせていただき、力を出せば力こぶになって返ってくるように、人のため社会貢献に心を運べば、きっと人生のメダリストになれる、と夢を描いている昨今です。

「陽気ぐらし」のために

No.45　　平成二十年十月十日

今年四月にテレビの「朝ズバ」で「家族の絆」が取り上げられました。それによると、「家族のまとめ役である父母が役割を果たしていない」が７５％、「家族同士が干渉しない」が７４％、「同じ時間が持てない」が８３・６％、「子供のしつけがキチンとできていない」が８７・５％という結果で、今の社会の家族の実情が浮き彫りにされました。しかしそのなかでも、先日終了となった里親ドラマ「瞳」で主人公の瞳が「将太も、ゆりあも、あきらも、みんな向き合って一緒にご飯食べたり、泣いたり笑ったりして家族になったの。家族は努力してつくるものよ」と、別れた両親に訴えた言葉が耳に残りました。

おふでさきで「おやこでもふうふのなかもきよたいも　みなめへ〳〵に心ちがうで」（五-八）と仰せられました。親子、夫婦、兄弟みな性格や考え方が違いますが、何気ない言葉、行いのなかに親切と思いやりの心があれば、それが家族を結ぶ絆になると思います。

一つの言葉で勇気づけられ、一つの親切で心が温められます。一つの家族の治まりが豊かで平和な社会をつくるためのキーワードだと思います。

今日もやすらかにお過ごしください。

「陽気ぐらし」のために

No.46　平成二十年十一月十日

「和也はアフガンの星になった」農業支援に力を注いでいた伊藤和也さんの祖父鹿太郎さんは、親神様に静かに生前のご守護のお礼を奉じました。八月二十六日、アフガニスタン東部で武装グループにより拉致され、国民の願いもむなしく殺害されてしまいました。その報道のなかで鹿太郎さんは次のように話されました。あるとき小学生だった和也さんに「大きくなったら何をしたい？」と尋ねると「じいちゃん、僕困っている人の役に立つ仕事がしたいな」と目を輝かせて夢を語ったそうです。和也さんはその後、農業高校、農業系短大を経てＮＰＯに仲間入り。まだ志半ばだったのです。「短い人生でしたが和也は私たちにたくさんのものを遺してくれた。『よく頑張ったな』と声をかけてやりたい。今はそんな気持ちです」

人のために生きる。人の幸せを自分の喜びとする。人の悲しみをわが悲しみとする。そんな人の心にはきっと自他境界線がないのかもしれません。

教祖（おやさま）は「三歳でも生涯」と仰せられました。長生きとは寿命ばかりでなく後世に「名が生きる」という意味だと聞かせていただきます。

天理時報の記事から一文を書かせていただきました。

「陽気ぐらし」のために

No.47　平成二十年十二月十日

　人はそれぞれの「思い」を持って人生を通っています。ときとして相手に「こうあってほしい」「ああ　あってほしくない」と思いを重ねますが、その思いがいかに通じないかを経験します。特に身近な夫婦、親子の間ではなおさら価値観の違いや性格の不一致などで心の行き違い、すれ違いが生じ家庭が治まらなくなっています。また今日の複雑化し激動する社会生活のなかで人間関係や事業ノルマなどで苦悩することもしかりです。

　教祖（おやさま）は「この世は、思い通りになるのやない。心通り、理の通りに成ってくる」との真実を述べられました。まずは自らの固執している「思い」を、この世の真実である神、自然の理に任せ忘れて、今与えられた命の尊さと健康を感謝し、与えられた夫、妻としての天分を生かし、与えられた仕事を忠実にやり遂げることだと思います。その心が種となり、「思いもよらぬ」豊作の喜びを得て、至福意識に満ちた日々が送れることと信じます。

　来年も良い年でありますよう、心からお祈り申し上げます。

「陽気ぐらし」のために

No.48　　平成二十一年一月十日

新しい年をすがすがしく迎えられたことと思います。今年は丑年です。丑は丑寅と同じく北東を表し時間は午前二時ごろを指します。太陽が東から昇り西に沈むように、人は自然の流れや時間、方角を生活の縁として生きてきました。この方角には、親神様により十全の守護の一柱「たいしょくてんの命」の「この世、すべて一切を切る働き」とされる植物の芽を切り、体内では命の働きの元となる細胞分裂がなされます。そこには切るつなぐという見事な連携があります。また人は一生のうち三回、大きく切る節目があります。まず出産のとき親と子の胎縁を切り、成人して自立あるいは結婚して親から離れ、そして人生を終えます。しかし魂は再びご縁ある母胎に宿され新しい命が生まれます。

教祖（おやさま）は「思い切る心が因縁を切る」と仰せられました。どうすることもできなかった癇性分や悪縁、悪い習慣も自らの心を天の定規に照らすことで、新しい生き方が生まれると思います。

今年は思い切って夢や目標にチャレンジして成るほどの喜びを得たいものです。どうぞ今日もやすらかにお過ごしください。

#「陽気ぐらし」のために

No.49　平成二十一年二月十日

アメリカで、黒人初の大統領誕生の歴史的一ページが開かれました。二百万人の群衆を前にした就任演説でオバマ氏は「六十年前父は黒人であるがゆえにレストランに入れてもらえなかった。その血を引く男が今大統領としてここに立っている」と語った。この言葉は人種差別で苦悩している人たちに輝かしい光を投げかけたに違いありません。

この映像を見ながらふと私は、あることを思い浮かべました。時の明治政府は「天皇は伊勢神宮に祀られている天照大御神の子孫である」として神格化し国民を軍国主義に導こうとします。そのなかで教祖（おやさま）は「天皇も我々百姓も同じ魂、世界一列はみな兄弟」と説かれましたので官憲弾圧の的となり、十数度に及ぶ獄舎への苦難を受けられました。最後、お姿を隠される一年前、八十九歳のご高齢の身で一月の酷寒の最中、「私一人が苦労すれば、世界の子供が助かるのや」と尽きせぬ親心を示されました。

今は信教の自由で誰はばかることなく信仰ができるようになりました。真実は種のように、やがて硬い土を割って芽を吹かせ、花咲き実る姿となります。思わず祝福と期待で胸が膨らみました。

「陽気ぐらし」のために

No.50

平成二十一年三月十日

二月二二日「おくりびと」が米アカデミー外国映画賞を受賞しました。ステージ上で笑顔を見せたのは滝田洋二郎監督、主演の本木将弘、余貴美子、末広涼子。新聞紙上では、「おくりびと」は死をテーマに掲げた異色の作品で、関係者の深い関心と多彩な持ち味を生かして栄冠をつかんだと書き、滝田監督は「遺体を棺に納める仕事に就いた男を通して生と死の尊厳を描いたドラマ。これは死の映画ではなくどう生きるかを描いた映画」と語った。ちなみに英語タイトルは「デパーチャーズ」。映画評論家の佐藤忠男氏は「いま世界の状況が騒然としているなかで人々の心は荒々しくなっている。しっとりした落ち着いたこの作品が国際的に評価されたと思う」と述べた。

死は終局、別れ、悲しいものとして受け入れ難いものですが、そのなかで教祖（おやさま）は「死ぬのやない出直すのや。ちょうど古くなった着物を脱いで新しい着物に着替えに出直しにいくようなもの、またこの世に帰ってくるのやで」と仰せられました。今どう生きるかに命の完走と希望のゴールが見えてくるように思います。

どうぞ今日もやすらかにお過ごしください。

「陽気ぐらし」のために

No.51　平成二十一年四月六日

ようやく春が来て桜の下は皆花見で賑わっていますが、雨降り風吹くごとに花吹雪となって散り果て人々は桜の存在を忘れます。しかし「花びらは散っても花は散らない」と詠われるように後には葉桜の美しさが残り、夏日には緑葉をくぐり抜ける風に蝉しぐれを聞き、秋風吹けば紅葉に染まりつつ、冬が来れば木枯らし吹いて枯れ葉が落ち、雪降るなかにも枝先に固い花芽をつけて春を待つ。それは桜には大地に根ざして養分を送る命の根源があればこそです。命の始まりは夫婦です。そして子供がそこにいて家族の団らんが生まれますが、「究極の家族団らん」とはどこにあるのでしょう?それはこの世と人間をお創りくださった親神様と人間の関係です。

教祖（おやさま）は「この世は天を父とし、地を母として抱かれて生きているのやで」と仰せられました。大地に育まれた野菜や果物は親のお乳といわれます。政治や経済をいかに策しても、億年の昔から人間本来の生き方と大自然に守られて変わらぬ真実について、桜を眺めながらふと思い巡らしました。

今日もやすらかにお過ごしください。

「陽気ぐらし」のために

No.52　　平成二十一年五月十日

五月は「皐月晴れ」と言い、男の子の節句に兜を飾り、こいのぼりが勢いよく大空に泳いでいます。非常に勢いが感じられる季節だと思いますが、数字は時間や日月、年を表すほかに、そのものに理合いが込められているように思います。

教祖（おやさま）は「不足に思う日はない。皆、吉い日やで、世界では、縁談や棟上げなどには日を選ぶが、皆の心が勇む日が一番よい日やで」と、どの日も悪い日はないと教えられました。紙数上、五の理合いを申しますと「一日はじまる、三日みにつく、四日しあわせになる」というように五日は「りをふく（理を吹く）」という意味で土に埋もれていた芽が吹き芽を切って発芽する、あるいは「節から芽を出す」とも言います。そこには旬の恵みと働きが施されているように、人生おいても幾多の節に遭遇します。そこには限りない親神様の「無慈悲の慈悲」ともいうべき深い思召しが潜んでいます。その思いに気が付けば、きっと新しい生き方に切り替わり、新芽が吹いて幸せの花が咲くことと信じます。

体も新しい細胞が働いて元気はつらつだと思います。

今日もやすらかにお過ごしください。

「陽気ぐらし」のために

No.53

平成二十一年六月十日

今年も梅雨入り間近になりました。

雨はすべての命を潤すものなのに、新聞の天気予報欄に雨や傘のマークが並んでいると、雨水の大切さを知りながらも「ああ、あ」と思わずため息が出ます。自分本位に考えるからそうなると思います。

こんな話があります。二人の娘が傘屋と下駄屋に嫁ぎました。母親は雨が降ると「ああ、下駄が売れない」と下駄屋の娘を心配し、天気が続くと「傘が売れないだろうなあ」と傘屋の娘を憐れみ、悔やんでばかりいました。あるときこの道の先生が「お母さん逆に考えてごらんなさい。雨が降ったら傘が売れるだろうな。お天気だったら下駄が売れるからありがたいな・・・」と、両方のお天気に感謝するんです。そしたら親が喜ぶから「喜びの理が回ってそれぞれの娘さんも結構になりますよ」と話されました。

ご神言に「暮れる日を待つようではならんで」とあります。朝から夕方のことを案じては、一日を勇み心で通れないということのようです。降っても照ってもうまくいくとき、いかぬときも、天の与え、神のお慈悲と受け止めて晴れやかに過ごしたいものです。

「陽気ぐらし」のために

No.54　平成二十一年七月十日

真夏の祭典「こどもおぢばがえり」が七月二十六日から十日間、天理（おぢば）で開催され、今年で五十四回目を迎えます。

親に連れられて参加した子供が成長し、やがて親になり、そして我が子の手を引いて参加します。当方も、はや二十八回目になりますが、いつのときか喘息の男の子が来ました。やせ細り唇は紫色でゼイゼイと肩で息をし、ときに発作で座り込む。最後まで持つのだろうかと心配していましたが、気がつくとみんなの誰かれが手を貸したり、おんぶしたりで親切を尽くしている。喘息の子も涙を溜めながら歯を食いしばって応えようとしている。この姿を親が見たらどんなに喜ぶことでしょう。それは「世界のこども帰ってくる、今日か明日かと待っている」と思召される人類の親。親神様のお気持ちそのものかと思います。こうして私たちのおぢばがえりは終わりました。彼の顔は「ぼく、がんばったよ」と自信にあふれ輝いていました。それよりよりもうれしかったのは彼のために汗を流した子供たちかもしれません。

これから暑くなります。どうぞお体ご自愛ください。

「陽気ぐらし」のために

No.55　平成二十一年八月十日

七月二十二日に「神秘のリング」皆既日食が四十六年ぶりに起こりました。皆既帯に入った人たちが空を見上げ壮大な宇宙のスペクタル・ショーに見入ったことと思います。宇宙の法則の偉大さを感じました。天文学者ニュートンは「宇宙は何かの意志で動いている」と語りましたが、そこには宇宙を組み立て、地球上に人類とすべての命を創造した親神様の存在を証明しているように思います。

ある人が教祖に「宇宙はどのくらい広いのですか?」と尋ねますと「庭先で手を広げてごらん。それが宇宙の広さや」と仰せられました。このお言葉から二つの意味がくみ取れます。一つは両手の先は無限であるということ、もう一つは体そのものが宇宙ということだと思います。十数年前福岡美術館でドイツの医学グループが「からだ=未知なる小宇宙」というテーマで遺体をプラスチック加工した標本を公開しました。医学者は「細胞の世界はまるで宇宙を見るようだ」と口をそろえて言います。水をたたえ宇宙で唯一生命体を持つ地球で、私たち人間は四季折々の美観と味覚を楽しむことのありがたさをいまさらに思い返した一日でした。今日も暑くなりそうですが、健やかにお過ごしください。

「陽気ぐらし」のために

No.56　平成二十一年九月十日

最近の子供たちの生活や環境を見ると、食物アレルギー疾患と診断された児童には、アレルギー源となるマヨネーズ、卵、ごま、ごま油などを除いた学校給食が出されるようになりました。それだけでなく、食べたくないものは絶対食べないと拒否する子供には別のおかずを用意するという家庭も少なくありません。ちなみに貧困にあえぐアフリカの各地では、一日一椀の大豆を唯一の食事として、家族が肩を寄せ合って食べている姿を見るにつけ、あるのに食べられないのと、なくて食べられないのとは、どちらが真に食のありがたさを感じるのだろうか、と思案してしまいます。

教祖（おやさま）は「何でもおいしいと言って食べたら、そのものが喜んで血肉になりますのや」と仰せられました。今一度、我々の命は、人間のために捧げてくれた家畜の尊い命であることに真摯な思いを致したいと思います。そこから「戴きます」と手を合わす豊かな食生活が生まれ、蔓延する豚インフルエンザへの抵抗エネルギーが生まれて健康を守ってくれるように思います。

まだ暑さ厳しい毎日ですが、健やかにお過ごしください。

「陽気ぐらし」のために

No.57　　平成二十一年十月十日

今年はなぜか逝く人を見送ることが多いように感じます。別れは人生には避けられないものとは言いながら、はかなさ、辛さは一夕で癒えるものではありません。こうした悲しみを英語で「グリーフ」と呼び、立ち直っていく過程を支え、援助する「グリーフケア」が社会的に注目されています。嘆いている人のそばでただ聞いてあげるだけでも、グリーフケアになっていると言われています。日本には昔から「散る桜、残る桜も散る桜」と、浮世の定めとして同じように見送り、送られる人情を詠っています。

教祖（おやさま）は「出直し」と仰せられて、誰に頼まれずとも、いつまでも生きる保証のないこの命は親神様からの「かりもの」だからお返しするときは「ありがとうございました」とお礼を言うものと教えられます。そして親神様の懐に抱かれて、再び親子の縁あるところに宿仕込まれ、新たに生まれてきます。

自教会から眺める桜は、やがて晩秋に枯れ木となり冬を迎えます。しかし雪を被る枝先にはもう堅い花芽が春に備えています。根を抱く大地に人間を我が子と慈しまれる御親の温かさが感じられます。

「陽気ぐらし」のために

No.58　平成二十一年十一月十日

昨今、日本に限らず世界的に経済危機に陥り、先の見えぬ不安が漂っています。そんななか、先日天理で「道の経営者全国大会」が開催され、松下電器PHP総合研究所の江口克彦社長が基調講演をされた。そのなかで「松下幸之助が町工場を操業していたところ、近くの同業者が倒産して、なぜか申し訳ない気持ちでいたとき、天理教の信者に勧められるままに天理（地場）へ行った。松下幸之助は、そこで身を粉にして懸命に奉仕活動（ひのきしん）している信者たちの姿や澄み切った心の美しさに心を打たれた。帰りの電車の中で『儲けるだけの商いでは将来はない。天理教が無形の魂の救済を使命とするなら、私は物作りで人々に物質的な人生の豊かさを与える使命感を持てば同じではないか』と語った。ここからふつふつと新たな経営理念が生まれた。後に経営の神様と呼ばれ、世界に通じる松下電器になった」と述べられた。

教祖（おやさま）は「商売人はなあ、高こう買うて安う売るのやで」と仰せられた。問屋を倒さぬよう、顧客を喜ばす商いの真実が潜んでいると思います。この世に不況の風などありません。御親の慈しまれる温かな息を感じたいものです。

「陽気ぐらし」のために

No.59　平成二十一年十二月十日

先日テレビのドキュメンタリー番組「のぶカンタービレ＝辻井伸行全米デビュー全盲の天才ピアニスト、密着四〇〇〇日」を見ました。生まれつき目が見えず二歳三カ月のときおもちゃのピアノを腹ばいで弾き始めてから、少年、青年時代をピアノに打ち込み、遂に今年六月米国のバン・クライバーン国際ピアノコンクールで日本人初優勝を果たしました。

伝説のピアニスト、バン・クライバーンは彼を「奇跡のピアニスト」と讃えました。二十歳の辻井が世界の辻井になった瞬間でした。息子の目となり杖となった母いつ子さんと歩んだ二人三脚のゴールでもありました。三カ月後再びアメリカに行くときは母はおらず、マネージャーのみの同行での全米プロデビュー旅立ちでした。インタビューで「僕もぼちぼち親離れして早くお嫁さんをもらって親を安心させたい」と語るその心が、彼の指から世界中に感動を与える響きを奏でているのかもしれません。

ご神言に「親という理をいただくなら、いつも晴天と諭しおこう」とあります。親を思う心に晴天の光が投げかけられるように思います。

今日もやすらかにお過ごしください。

「陽気ぐらし」のために

No.60

平成二十二年一月十日

平成二十二年の新春を迎えました。

「一年の計は元旦にあり」で、それぞれに抱負や計画を心に秘められていると思いますが、今年は寅（虎）年に合わせて勢いをもってチャレンジしたいものです。しかし行く手を遮るものは自らの癇性分だと思います。人間は（自然界の生物も）時間と場所、方角のなかで生きているように、この丑寅の位置には、親神様が億年の昔泥海の中からこの世とすべての生命を創造されるときに、十全の働きの一つ「たいしょくてんの命」を対座させ、出産のとき親と子の胎縁を切り、命の終わりに息を引き取る世話をしていただき、さらに体内では細胞分裂、植物の種の芽を切る働きを、また人生のなかで起きる悪縁、悪い習慣、癇性分なども切っていただきます。そのためには対角線上にある「かしこねの命」の御心を使わせていただくことになります。この神様は世界では呼吸、聴覚、嗅覚の守護をされますので家族や周りに息を合わせ、目や耳が二つある理から真実を見分け聞き分けることで心が切り替わり、道が開かれて目標達成の喜びを得るものと思います。

今年こそ、思い切りトライしてみませんか。

「陽気ぐらし」のために

No.61　平成二十二年二月十日

数字の起源は「二」だといわれる。世の中の仕組みを見てみると、一つで存在するものはない。子供が生まれるのも夫婦がいればこそ。どんな薄い紙でも表と裏の二面があり、電気もプラスマイナスの電極で電流が流れ光を灯す。この世はこうした相反する二つが一つになって一つの働きをする法則ができている。

天理教ではこれを「二つ一つが天の理」と教えられる。人生においては自分にとって不都合な相手でも、自らを光らせる試金石となる。ここ数カ月間、妻の血小板が低くなる症状で不安におののく日々を過ごした。しかし妻の病気は、二つ一つの理からすれば夫の事情でもある。まして神は等しく公平で、あまねくご守護されるとするなら教祖（おやさま）が仰せられた「男は天の理として大地を抱き、女は肥も雨も大地の理で受けて育てる」という夫婦の本分から外れていることに気付いた。「夫婦の心が治まれば、不思議不思議が見えてくる」と仰せられるように血小板の数値が上向きに変わった。親の姿勢は子供にも映る。形はできずとも食卓を囲む親子の団らんが目に映るように思えた。

春はもうそこまで来ています。今日もやすらかにお過ごしください。

「陽気ぐらし」のために

No.62　平成二十二年三月十日

季節は巡り、寒い冬を越えて春はそこまで来ていますが、人生は春夏秋冬にたとえられます。零歳から三十歳までが人生の春。三十歳から六十歳までが夏で一番汗して働くとき。六十歳から九十歳までが秋の収穫の時期で、百二十歳までが冬の蔵入れで春の種まきに備えます。教祖（おやさま）は「五十，六十は鼻垂れ小僧。七十，八十は働き盛り。人間は百十五歳寿命、それから先は心次第でいつまでもいよ」と仰せられました。先日NHKテレビで日野原重明氏は九十八歳にして聖路加国際病院理事長、かつ医療に従事し全国で講演活動もされ「六十歳は筋力づくり、七十歳から何か新しいことをする。すべてこれから」と、夢や希望を持つことに人生の意義があると語られました。その上、自ら考案したストレッチ体操を披露、エスカレーターやエレベーターは使わずに階段を駆け上がるといった話に命の素晴らしさを感じました。しかし命の本体は誰も見ていません。なぜ心臓が動くのかも不思議です。ご神言に「不思議が神」と仰せられます。不思議のなかで生かされている感謝と報恩から真の勇気が生まれるように思います。

今日も健やかにお過ごしください。

「陽気ぐらし」のために

No.63　平成二十二年四月六日

春爛漫の季節がやってきて、草花の生き生きとした息吹が感じられます。

四月は入学、入社で胸膨らませ希望の一歩を踏み出すときでもあります。当方でも里子が一人巣立ちます。今日の日本では家庭の事情で親と住めず、児童養護施設か里親に委託されている子供たちが全国で四万人を超えています。

天理教では戦災孤児の支援として天理養徳院が開設されるに当たり初代真柱（教祖の孫）が「人の子も我が子と同じ心もて、おふしたてよこの道の人」と詠われたお心を里親の精神とし、養育の支えにもしています。

しかし制度上、十八歳で措置解除の日がきます。それだけに就職が決まっていることが不可欠であり、その後も仕事が続いてくれることを願いながらも、「ただいま」と元気な姿をみせてくれることや、今は実の親と住んでいても里親の私たちに「お父さんお母さん」と言ってくれる子供との交流はこれほどうれしいことはありません。

里子たちと時には激しい争いで苦衷を味わうこともありますが「神様の授かり子」との原点に立ち返って、学校に出かけるときの「行ってきます」の声を楽しんでいる日々です。

「陽気ぐらし」のために

No.64　　平成二十二年五月十日

いま、大河ドラマで日本を変えた幕末・明治維新の志士たちの第一人者として坂本龍馬の「龍馬伝」が放映されています。竜馬は、開国を迫るアメリカのペリー提督の黒船来航や中浜万次郎によるアメリカ民主主義に開眼、薩摩の西郷隆盛と長州の木戸孝允との薩長同盟を成立させ、十五代将軍徳川慶喜に江戸城を開城させ、二百六十年続いた徳川幕府の終焉で鎖国が解かれました。そして大政奉還により明治政府が樹立されますが、図らずも一カ月後、日本の夜明けを目前にして刺客により倒されます。

教祖（おやさま）は冷害・飢饉と天保の改革にあえぐ民衆の狭間にあって、神の啓示を受けます。明治政府は「天皇は現人神である」として国民を思想統制し軍国主義に導きますが、教祖は「天皇も我々百姓も同じ魂、親神様のもとに世界一列皆兄弟」と説かれたので度重なる投獄を強いられます。しかし「九十九人の悪が強いか一人の善が強いか」と真実を貫かれました。国を変える、一人ひとりの心を変える真実を見極めながら物語の行方を楽しんでいます。

どうぞ今日もやすらかにお過ごしください。

「陽気ぐらし」のために　No.65

平成二十二年六月十日

過日、福岡県朝倉郡の筑前町立太刀洗平和祈念館を見学しました。そこには大正八年から終戦に至る昭和二十年まで、旧陸軍が東洋一を誇る太刀洗飛行場を中心とした一大軍都がありました。しかし太平洋戦争の末期、日本は最後の力を振り絞ってここから数多くの特攻隊員を鹿児島の知覧飛行場へと送りました。壁には「お国のため」と敵艦に突入したまだ若い二十歳前後の特攻隊員の遺影と、死を覚悟して両親に送った遺書が掲げられ、命を捧げる間際まで家族の安否を気遣う健気な気持ちが伝わってきて胸が熱くなりました。館内には特攻機零戦も当時を物語るように静かにたたずみ、ビデオシアターでは昭和二十年三月二十七日、米軍のＢ２９爆撃機から何千発もの爆弾が投下され飛行場を壊滅させただけでなく多くの民衆や子供の命が奪われる惨状を目のあたりにして、今日の日本の平和と豊かさの陰にこうした歴史のあったことを忘れてはならじと思いました。おふでさきに「せかいぢういちれつわみなきょたいや　たにんとゆうわさらにないぞや」（十三‐四十三）とあるように、人類がこの真実に目覚めたらきっと真の平和が訪れると思います。

今日もやすらかにお過ごしください。

「陽気ぐらし」のために

No.66　　平成二十二年七月十日

「天理時報」の「お道のラジオ放送八十年に寄せて」の記事によると、昭和五年に中山正善二代真柱（教祖の曽孫）が、教えの理を公共の電波を通じて放送されてから今年六月五日放送分で五百五十五回を迎えるとのことでした。現在は毎週日曜の朝「家族円満」をテーマに俳優福寿淳さんと村崎由佳さんがナレーションを担当されています。これまでどれほど多くの人が耳を傾けたでしょう。そんななかで十数年前に盲目になった人が「暗闇の中に光差す教え」に開眼し生きる力を見出したり、姑との関係で悩んでいる婦人から「自分の心遣いを反省して親孝行の大切さに気づいた」など、リスナーから毎週山ほどの葉書が届いているそうです。今、核家族のひずみから夫婦親子の断絶や虐待といった風潮が見聞きされるなか、何が正しいのか何が誤りなのか見失いがちです。

教祖（おやさま）が「夫婦となるも親子となるも皆因縁事情」と仰せられますように、夫婦となるべくしてなったいにしえの縁を静かに見つめ直せば、今まで見えなかった真実の姿が見えてくるかもしれません。少し早起きしてラジオのスイッチを入れてみてはいかがでしょう。（ＫＢＣ１４１３キロヘルツ、五時四十五分～六時放送）

「陽気ぐらし」のために

No.67　　平成二十二年八月十日

夏の子供の祭典「こどもおぢばがえり」は奈良・天理教会の広大な境内で「みんなきょうだいおやさとへ」をテーマに七月二十六日から八月四日にかけて開かれ、およそ三十万人の子供たちが地場に集いました。酷暑の太陽の下で、遊びながら大切なものを学ぶいくつもの行事が催されました。そのなかで時折風に乗って「遠い遠いその昔、親神様は人間を、創りたもうたお父様、創りたもうたお母様。みんなが仲良く暮らすなら、みんなが楽しく暮らすなら、親神様はどんなにか、お手々たたいてお喜び」というメロディーが流れて、人間を我が子と慈しまれるほのぼのとした御親への郷愁を感じました。最後の日は商店街での買い物タイムでした。里子の四年生のB子は（出発前日妹のキーホルダーを壊したので百円差し引き）九百円を手に握りしめ六百円使い、「三百円は来年のこどもおぢばがえりに使う」と楽しみにしています。子供の要求に従って多額なお小遣いをあげたり、物を買い与える昨今の親子関係に抗い、不憫とは思うものの、この気持ちを育てていきたいと思いながら、それぞれの思い出を土産に元気に帰着した今年のお地場帰りでした。

今夏は例年にない猛暑ですが、今日も健やかにお過ごしください。

「陽気ぐらし」のために

No.68　平成二十二年九月十日

このごろ、相次いで児童虐待のニュースが報道され、その数は年間四万四千件にも上り、なかでも平成二十一年には三百三十五人の幼い命が亡くなっています。ＮＨＫ番組で二十八歳の母親が拘置所から「まさか自分が虐待したりこんなことになったりするとは思いもしなかった」と語っていましたが、最愛の母から命を奪われる子供は誰に救いを求めるのでしょう。古代ギリシャの哲学者プルタコスは「人間の営みは運であり思慮ではない」と語っています。運とは原因が結果を生み出す「因縁」だといわれます。

教祖（おやさま）は「因縁とは、心に積もったほこり」と仰せられました。心は水のごとくにほこりが積もると物を映し出すことも飲むこともできない泥水となります。そうなれば先が見えない不安や苦しみをかこち、夫婦の不和、離婚、育児の疲れや経済的困窮にも表れると思います。しかしコップの水も清水を注げば真水に入れ替わるように「我が子も神さまからの授かり子」といわれる命の尊さを見直せばほこりも払しょくされそこに「人として母として」の本来の姿を取り戻し、きっと明るい人生になると思います。

残暑厳しいおり、今日も健やかにお過ごしください。

「陽気ぐらし」のために

No.69　平成二十二年十月十日

私たちは里親をして六年目になります。諸般の事情で親と住めない子供たちを、児童相談所から委託され、短期・中期を含めておよそ三十人を預かってきました。現在は小中学生の女子三人と中高校生男子三人、計六人の里子と過ごしています。皆、何の遠慮、気兼ねもなく私たちを親と慕い信頼してときにはわがままも言って家族同様に暮らしていますが、次第に身長も伸び、ふくよかに育つ姿に命の力を感じます。それとともに里親の責任はこの子たちが自立してからどんな苦労や困難に遭っても耐え抜く心と、幸せの土台となる「徳」を積んでやらねばと念じております。そのために誰もが生涯を結構に暮らせるようにと、教祖（おやさま）がお話しになった三つの籾種「朝起き」「正直」「働き」を心の柱としています。一粒目の「朝起き」は、人に起こされることなく元気よく起きる。二粒目の「正直」は人にも自分にも正直であること。三粒目の「働き」ははたを楽させる。親や人に喜んでもらう良い行いをして種を蒔く。この一粒一粒の種はやがて社会に出て、一粒万倍の豊かな人生を送れると信じて、一日の終わりに感謝の祈りを捧げる昨今です。

今日もやすらかにお過ごしください。

平成二十二年十一月十日

「陽気ぐらし」のために　No.70

久々にシルベスタ・スタローンの映画「エクスペンダブルズ」を見た。アクションスターとして一世を風靡したスタローンも六十四歳だとか。発表会のインタビューで「いつまで続けますか？」という質問に「年齢は数字でしかない」と言い放ちました。言葉の奥にたくましい肉体を超えた英雄としての責任と気迫を感じ思わず拍手を送りたくなりました。加齢は誰も避けて通れません。しかし人生の目標をはるか遠く高く掲げている人にとっては八十歳でも夢半ばの青春であるに違いありません。例えば点数で表したら六十七歳の私は百に対して六十七点でしかありません。

教祖（おやさま）が九十歳で現身を隠される間際に脈をとった医者が「この方は十八歳のお体をしてござる」と驚嘆したという。神の仰せのままに我が身を顧みず世界助けに生涯を尽くされた教祖には年齢などなかったも同然だったのでしょう。確かに仕事には年齢的な制限がありますが、傍を楽させる「はたらき」は、思いやりの言葉と行いですから、そのことで自らが喜べ、世界が広がり、生き生きとした日々が送れるものと信じます。

今日もやすらかにお過ごしください。

「陽気ぐらし」のために

No.71　　平成二十二年十二月十日

一年を振り返っていくつ感動したかが「心のメモリー」だなと思います。十一月六日から七日に天理市で開かれた「全国里親大会」でのことです。福岡里親会から私が案内役で四人の方を同行、日課のあと神殿に参拝しました。ある人は「天理は小さな田舎と思っていたけどすごい所」と絶賛、ご婦人の副会長さんは「世界の二十カ国ぐらいエジプトなどの寺院や神殿、バチカン宮殿も見てきたけど、ここはそれらにも勝る」と感嘆しきりでした。ご神前で「ここを地場と言い生産地の意味で人間発祥の地、故郷です」と説明させていただきました。ところが次の日副会長さんは「私をもう一度天理へ連れて行ってください」と言われ、二十日後、副会長のお母様と東京在住の娘、里子（七歳の女の子）と私の五人連れのお地場帰りとなりました。副会長さんは両手を広げて「ここは空気も違うね」と言われ、娘も「お母さんここを世界遺産にしたらいいのにね」と感動の言葉が行き交いました。後日「親孝行ツアーに協力していただきありがとうございました。また里親のメンバーを連れて行ってください」とのお葉書をいただき胸熱くした感動をそのまま綴らせていただきました。今日もやすらかにお過ごしください。吉年を迎えられますように・・・

「陽気ぐらし」のために

No.72　平成二十三年一月十日

今年は卯年（兎）で飛躍の年であり方角は卯（東方）ですから日が昇る勢いと明るさを感じる一年になりそうです。ご神言に「勇んでかかれば神が勇む。神が勇めば何処までも世界勇まさす」とありますように、目標に向かって勇んでかかれば不思議に良い結果が得られるということです。

実は先日、福岡リーセントホテルで『平成二十三年新春を祝う東区交流会』に出席させていただいたときのことです。来賓には新福岡市長の高島宗一朗氏をはじめ国会議員、県会議員、市会議員などが臨席され、祝賀会が開かれました。やがて恒例の福引で七等から順に番号が読み上げられ、一等の「別府温泉ペア旅行券」は「一七五番」。何と私の持っていた番号ではありませんか。壇上に上がって会場からの温かい拍手に高々と押し戴いてお礼を述べました。しかも一月五日は家内の誕生日で最高のプレゼントを神様から戴いたと、二人して感動したものです。昔から「隣に蔵が建てば今度はうちの番だ。祝い事にはあやかれ」と言いますので皆さんにも・・・と思い一筆啓上させていただきました。

今年も良い年でありますようお祈りいたします。

「陽気ぐらし」のために

No.73平成二十三年二月十日

去年の紅白歌合戦で「トイレの神様」という歌に出てきたおばあちゃんは「人の嫌がるトイレ掃除をすれば心が洗われ神様が美人にしてくださるよ」と孫娘に話します。朗々とした植村花菜の歌声は会場の観客やテレビの視聴者の多くに感動を与えたと思います。

トイレについてはある日のことが思い出されます。高校二年のとき、急性中耳炎で手術を受ける前日来訪された先生から「耳は聞く道具。美しい音楽を聞き鳥のさえずりに耳を傾ける。しかも善し悪しを聞き分けるために二つ付けてある。素晴らしい道具だよ。だけど聞いて不足、聞いて腹立ちは使い道を誤っているね。だから神様がこれからの君の将来にわたって、正しく道を歩む大切なものを教えてくださっていると思う」と諭されました。なるほどと砂に水の浸み込む思いがしました。翌朝、神前で「これからどんな不都合なことも聞きます。低い心になるよう一年間掃除をさせていただきます」と誓い心定めて九大病院に向かいました。すると医師から「完治している。手術の必要なし」の言葉が返ってきました。昔は汚物で農作物が育てられ私たちの命の源でした。トイレにはきっと神様がおられるに違いありません。今日もやすらかにお過ごしください。

「陽気ぐらし」のために

No.74　平成二十三年三月十日

春三月は新芽が吹き新しく枝を伸ばす息吹を感じます。それと同様我が「ふくふく‐ホーム」で育つ子供たちに命の力を感じます。去年四月に来た四年生の女の子はいつの間にか家内より背が高くなっていますし、二年生の妹は一度機嫌を損ねたらすさまじい形相で何時間も泣き叫んでいたのに、今は自分のお菓子も削って「お父さん、お母さん」と持ってくるようになりました。しかも頭髪の三分の一がはげ、医者から「子供の脱毛は最後は眉毛まで抜けてしまう」と診断されていたのが、今はうっすらと健康な毛が生えてきました。それはお祈りから始まり、お祈りに終わる神様への感謝と茶碗洗いやお母さんの手伝いなどで、心が安定しているからではないかと思います。自宅では学校にも行けなかった姉妹が毎日元気で登校する。そして小学六年で来た女子は四月からもうすっかりセーラー服の似合う中学二年生。「子供を育ててあげるのではなく成長する姿からは自分で成人させていただく」今なお親であることの幸せを感じながら、あと数日で巣立つ高校生二人には、たくましく社会で羽ばたけるよう願っているところです。

今日も健やかにお過ごしください。

「陽気ぐらし」のために

No.75　平成二十三年四月六日

去る三月十一日、日本観測史上未曾有の地震と津波が襲い、宮城、福島、岩手県周辺で三万人に及ぶ尊い命が奪われ、今なお行方不明者が続出しています。今日本中でまた世界各国からも参加して被災者や復興のための支援救済が行われています。「支え合い、助け合い、励まし合い」という言葉がこれほどまで心に響いたことがあったでしょうか。先日児童相談所から「震災児を受け入れていただけますか？」との電話があり、即座にお受けさせていただきました。その後福岡市里親会会長の紹介で、ＮＨＫから取材依頼があり、四月八日午後八時、新番組「きんすた」で放映されることになりました。ディレクターから「どんな声をかけますか」と問われ「涙で胸いっぱいに、帰ってくる我が子を迎える親の気持ちで、お帰りなさいと抱きしめます」と答えました。

おふでさきに「月日にハせかいじうゝハみなわが子　たすけたいとの心ばかりで」（八 - 四）と仰せられます。筆舌に尽くせぬ苦境のなかにも、それ以上に我が子を思う無慈悲の慈悲があることを思い、共にこの震災から復興と再生の息吹の上がることを願わずにいられません。青空の下で桜が満開です。今日もやすらかにお過ごしください。

「陽気ぐらし」のために

No.76　平成二十三年六月十日

先日「精神の疾患と障害」の研修会で、統合失調症やうつなどの身体的、知的、精神的な三障害についての認識を新たにしました。旧世代精神障害者は警察署に収容されるなか、東京帝大医学部呉修三教授は「我邦十何万人ノ精神障害者ハ実ニ、コノ病ヲ受ケタル不幸ノ他ニ、我邦ニ生マレタル不幸ヲ重スルト言ウベシ」と嘆き、精神病学の基礎を築きました。その一光から、幾多の法改正を重ね昭和五十七年に「精神保健法」が、そして平成十六年九月には厚生労働省が「精神保健医療福祉改革ビジョン」を打ち出し、障害者にも社会の一員として自立と社会参加の支援施策が講じられるようになりました。研修会の講義のなかで講演者は「精神科医の父は教会長でもあり、教会には二十五人ほどの精神病者が同居していたが、常に父は『知能指数と心の指数は同じではない。心の指数は神に手を合わせ、ひのきしんで高められる』として真の救いに取り組んでいた」と話されました。

教祖は「体は神のかしもの、心一つが我がのもの」と仰せられました。それぞれに備わった機能、才能を生かし、日々の感謝から徳が生まれ生き生きした人生が通れることだと思いました。今日もやすらかにお過ごしください。

「陽気ぐらし」のために

No.77　平成二十三年七月十日

この夏、全国高校剣道の玉竜旗大会がマリンメッセ福岡で七月二十七日～二十九日に開催されます。頂点に立つのはどこか？そんなんか当方に天理高校の選手六人が宿泊することになりました。おそらく寮生なので限られた食事でしょうから、おいしいものを食べてもらい精いっぱい頑張ってほしいと思っています。実は私も高校二年で剣道を始めましたが、両親は布教に明け暮れて防具を買うお金もなくバイトでこつこつ貯めていました。ところがある日父が「今大教会では大きな神殿普請をしている。お前も何からでもいいから真実を尽くしなさい」と話したので貯めたお金を潔く差し出しました。もう剣道はできない、と諦めていると、父が汗だくで防具を担いできました。東京の先生からもらったとのこと。それから道場に通い、高校卒業時に初段がとれました。しかしそのころ既に父はなく今もなお稽古で汗を流すとき、父の非情な厳しさと深い親心を懐かしく思っています。

さて決戦も間近となり、選手たちよりこちらが緊張したりしてその日を心待ちにしているところです。二十九日には決勝戦がテレビ放映されるので、皆さん観戦いかがでしょう。

暑さに向かう折からお体大切にお過ごしください。

「陽気ぐらし」のために

No.78　平成二十三年九月十日

昔は「向こう三軒両隣」と言われ子供たちは周りの大人たちの目に護られて育ちました。お年寄りも孫の世話で十分な存在感がありました。しかし高度成長とともに社会構造や家庭生活も随分変わりました。住み慣れた家庭、地域で安心して暮らしたいと誰もが願っています。今、行政で行き届かないところを地域で助け合うために、社会福祉協議会による「ふれあいネットワーク」があります。お年寄りへの声かけ見守り訪問や育児に悩む母親への子育て支援など、安心安全の豊かな生活を目指しています。「助け合いをする立場、される立場」も善意の送り合いだといえます。明治十五年ごろある薬問屋の主人が、一日の商いの終わりに二銭銅貨をお皿に入れ、店先を通る貧しい人たちに施していました。あるとき商用で出かけた航路で嵐に遭い海に投げ出され無人島に流れ着きます。不思議なことに波打ち際に毎日魚が跳ねていて、それを食べてしのぐうちに救いの船に助けられました。教祖にお会いすると「いつも私の子供を助けてくれてありがとう。神は心からお礼を申しますで」「この間はちょっとそのお礼をさせてもらいましたなア」と仰せられました。人知れぬ真心の温もりを感じます。今日も一日健やかにお過ごしください。

「陽気ぐらし」のために

No.79　平成二十三年十月十日

「この世の元始まりは、泥海であった。月日親神は、この混沌たる姿を味気なく思召し、人間を創り、その陽気ぐらしするのを見てともに楽しもうと思いつかれた」これが天理教創世説の書き起こしです。原始地球の荒涼とした泥海には大気圏がなく太陽の紫外線は容赦なく降り注いでいました。この細胞を破壊する殺人光線で生命が誕生する条件は全くありません。ではどこで生命は誕生したのか？それは泥海がオゾン層の役目を果たした海の底でした。生物学者ダーウィンの「種の起源」では「生命は同一起源、元は一つの種から始まった」と説きました。こうして命を吹き込まれた一つの生命体は約十億年にわたって進化を繰り返して今日一千万種の生物に成長し共生しています。では誰が何の目的でそうしたのか？それは解明されていません。なぜなら誰もその現場を見られないからです。教義の根幹（元の理）では、人間の親は「月日親神」であり創造の目的は「陽気ぐらし」だと明かし「互い助け合いこそ」人間本来の生き方と教祖は仰せられました。今日の混迷する世の中で真実とは何かを見出し確かな道を歩ませていただきたいものです。

今日もやすらかにお過ごしください。

「陽気ぐらし」のために　No.80

平成二十三年十一月十日

今年も残すところ一月半となりましたが、東日本被災地の家庭ではお正月にどんなお雑煮を食べられることでしょう。私はお餅の話でふと遠い昔を思い出します。そのころ教員だった父はこの道に手引かれ生涯の志を変え、母は朝早くから夕方遅くまで布教に明け暮れて我が子のことは後回しと人助けに奔走していました。こんななか、あと幾日かで正月を迎えようとする日、一切親らしいことをしないはずの母が「せめて子供たちにはお餅を食べさせてやりたい」と親戚筋の教会に一升の餅米を借りに行きました。玄関先に立った母の姿に会長は「チカエさんいい苦労しているなあ、先で結構になるで」と励ましました。母は信仰の至らぬことを恥じて何も言わずに退散しました。ところが不思議にも家に帰ってみると一重ねの鏡餅が神様に供えてありました。聞いてみると私が公園の草むらで拾ってきたのだという。見えぬ神の慈悲に感涙したに違いありません。今度の震災から、飽食や無縁社会での絆の弱りによる家庭崩壊が払しょくされ真の家庭のあり方が映し出されました。今日の「互い助け合い」からどんな家にも家族団らんが生まれるでしょう。

秋も深まりました。今日も健やかにお過ごしください。

「陽気ぐらし」のために

No.81　平成二十三年十二月十日

年が迫るとなんとなく気ぜわしくあれもこれもと仕残しが気になります。そんなときふと行ってみようかなと足を向けるのが小学五、六年の担任だった先生のところです。昭和二十七年小学校卒業後は夢のような存在でしたが、あるとき中学校の同窓会で同級生から「先生の家を知っとるばい」と聞き、友だち三人で訪問した。退職された先生は一人静かに暮らしておられた。久しぶりにお会いして大喜びされたので、以来時折々にお尋ねしている。お会いすればそのころ流行した映画「二十四の瞳」に重なる。母は赤貧洗うがごとき布教の最中で子供を構っている余裕などないと分かっていただけに、先生を陰からお慕いし、授業中私をじいっと見られる眼差しに包まれるような思いがした。ある昼休みに「馬けり」遊びで皆がどうっと乗りかかってきて足を捻挫した。騒ぎに駆け付けた先生は私を背負って病院に行き、ギプスをはめた私に毎日のようにお菓子を持って来てくださった。今は八十の坂を越えられ、健康を唯一のつなぎにして「お元気ですか」「まあ、佐志君」といつまでも先生と生徒でいられる幸せを共有している。日々忙しいからこそちょっと訪ねてお互いにホッとするひと時を持ちたいものです。今日もやすらかにお過ごしください。

「陽気ぐらし」のために

No.82

平成二十四年一月十日

今年は辰年（竜）です。昔から竜は「雨を呼び風を誘う水神」の象徴とされました。「親なる神」は水が人体を潤し自然界の生命を育む働きを持つと仰せられます。命は一滴の水から始まり胎児は十月十日母胎の羊水で育ち、やがて水の勢いでオギャーと生まれます。しかも人体を構成する六十兆個の細胞は皆塩水に漬かっているということです。その源流は十数億年前、生命の起源は海の底だったからと科学者は言います。まさに海は産みの親です。ところで、この水は私たちに生き方も教えてくれます。第一に「水は方円の器に従う」と言い、環境や人の心に沿う素直さを表します。第二に上から下に流れるように低い心低い所に物が流れ人が育つ理を表し、第三に、ふき掃除して自らが汚れても廊下や家具を美しくするように相手の苦しむ心を洗い、人同士の摩擦を和らげます。第四に人の欠点や足りないところを大海に泳がすように許す大きな心を表しています。今年は水の恵みに生かされる感謝と水の心で通れば、竜が天空に昇るように夢や目的を高く掲げても達成できる年になると信じています

今年も良い年でありますようにお祈りいたします。

「陽気ぐらし」のために

No.83

平成二十四年二月十日

「徳を積む経営」と題したダスキン会長駒井春氏の著書には、表紙の帯に「高く買えば物集まる、安く売れば人集まる」と評されています。これは教祖（おやさま）が大阪の足袋商人に「商売人はなあ、高う買うて、安く売るのやで」と仰せられたお言葉がもとになっています。足袋商人は「そんなことをしたら飯の食いはぐれやないか」と真意が納得できませんでした。だがお側の人から「他より高う仕入れて問屋を喜ばせ、安う売って顧客を喜ばせ、自分は薄口銭（うすこうせん）で満足して通るのが商売の道や、と諭されたのや」と解き明かされ、なるほどと得心したという逸話です。ダスキンはその精神で人の幸せや社会の利益を第一に考え、社内の従業員は「はたらきさん」と呼び合い、世の中を美しくする天職と自負し働いています。ちなみに全国に五百店舗を展開する「ミスタードーナツ」はアメリカの社長が駒井氏の「出し切る誠実さ」に心打たれ市場提携したとのことです。自らが損を楽しみ、他者には喜びを与えて積まれる徳にこそ人や物が集まる。なるほどの理を感じさせていただいたものです。

梅香り鶯さえずる声で寒さが薄らぎます。今日も健やかにお過ごしください。

「陽気ぐらし」のために

No.84　　平成二十四年三月十日

過日、博多座で初めて歌舞伎を観ました。歌舞伎は観劇料が高いし難しいというイメージがありましたが、たまたま招待券をいただいたので出かけました。この日の演目は「二月花形歌舞伎」の「華果西遊記」と「鬼揃紅葉狩」で市川亀次郎、右近、門之助、笑弥らが演じました。演者と奏者、変転する舞台装置と照明の絶妙な連携に思わず歌舞伎の世界に引き込まれました。そもそも歌舞伎は安政五年（一六〇三年）に出雲阿国が京都の北野天満宮で興行したのが始まりとされています。独特の所作、語り口、鳴り物には八人の三味線方と義太夫の唄い方、五人の小鼓、幕の裏には三味線と太鼓、笛、舞台袖では拍子木のような「ツケ」の音が響き渡り、舞台と会場が一つになりクライマックスで幕が引かれます。しかし今なお目に焼き付いているのは主役、わき役の立場は違っても芸の上では皆「主役」だということ。それを人生劇場に例えれば夫と妻、社長と従業員、さまざまな関わりや環境、結びつきの中で上下の格差なく皆「主役」だということです。教祖は「男松、女松隔てなし」と仰せられました。与えられた立場でどう演じるかが見せどころのように思います。寒さも和らぎ春の香りを感じます。今日もやすらかにお過ごしください。

「陽気ぐらし」のために

No.85

平成二十四年四月六日

三月二十六日から一週間、十二人の子供たちが瀬戸内海の本島で鼓笛の合宿をしました。指導員を含めおよそ百五十人が、早朝から規律を守り各パートの練習やドリル演奏をします。本島団は四十五年の歴史を刻み、音楽を通し少年の心身育成に臨んでいます。そして夏の「こどもおぢばがえり」で何万人の観衆の前でパレードを行い、感動を与え審査を受けるのが到達点です。お陰で毎年金賞や最優秀賞に輝いています。それだけに訓練のハードさは並みではありません。今回初めて親から離れる子や、最年少の一年生や「恥ずかしい。行きたくない」とぐずった頭髪のはげた女の子も混じっています。ところが福岡ＩＣに迎えに行って驚きました。マイクロバスから降りてくる子らがあまりにも明るく疲れた様子もなく「また行きたい」「本島から帰りたくなかった」と口々に言い、「今度は夏の合宿に行こう」と仲間意識でつながっていました。これほど子供たちの心を変えた指導者たちの親身さと親心に手を合わせる思いでした。ダイアナの詩「ナラの木」の「嵐の中でも倒れなかった大地に広がる根っこの強さ」を子らに聞かせようと思っていましたが必要はありませんでした。春爛漫の好期になりました。今日も健やかにお過ごしください。

「陽気ぐらし」のために

No.86

平成二十四年五月十日

百四十年前、塩飽本島で片山好造という人が三十四歳で命旦夕に迫っていた。枕元の布教師が「片山はん世の中で一番の親不孝は親より先に死ぬことや。まして妻子もこの世に残して逝くのは無責任と違うか」「どうせない命やったらあんたの体神さんに預けんか」と諭し、その陰で寒中海に浸かり「我が命は捧げます。どうか片山をお助けください」と祈願した。神に真実が届いたのか命はとりとめた。布教師の熱い思いに将来の夢が転換された。二歳で母を失い、父親一人に育てられた好造は「成人したら丸亀一の事業を成し遂げ親孝行で返す」という積年の思いを断ち赤い毛布にくるまり本島を出港した。村人は「生きて帰ったら煎り豆に花が咲く」とはやし立てたが、生還どころか心も生まれ変わり、その後は世界布教の構想を練り、鞄には褌と草履、懐には世界地図をしのばせ朝鮮や中国に赴き、人助けに奔走した。七十四歳で身をお返しするときには、国内外に百カ所以上の教会を設立した。留守中女手ひとつで家計を支え、陰膳で無事を祈ったハル夫人は現神殿普請完成を見届けて大往生した。来る六月二十一日創立百十周年記念祭に思いを寄せてしたためました。今日もやすらかにお過ごしください。

「陽気ぐらし」のために

No.87　平成二十四年六月十日

先日、奈良県立美術館で藤城清治の「光と影のファンタジー」展を見て作品の幻想的な世界に引き込まれました。数十年前に影絵劇団の人形を操り、いつか自作でやりたいと思いを募らせていたので千載一遇のチャンスでした。それは芥川龍之介の「杜子春」でした。中国のある村に住む杜子春がある日仙人から「何か願いをかなえてやろう」と法力を授かり贅沢三昧の暮らしをしますが、使い果たして元の貧乏になり、再び仙人から得た栄華の夢も消え失せます。最後に「仙人にしてください」とお願いすると「どんなことがあっても声を出せば命がなくなるぞ」との約束です。しかし閻魔大王から地獄の責め苦に遭っている亡き母の「決して声を出してはいけませんよ」の言葉に耐えられずついに「お母さん」と大声で叫びました。仙人は「もしあの時お母さんと声をあげなかったらその場でお前を殺すつもりだった。母を思う優しい心に閻魔大王にお願いして助けてやったのじゃ」と言って姿を消します。それからの杜子春は村一番の働き者になったということです。今なおその映像が目に映ります。

梅雨も間近です。どうぞ健やかにお過ごしください。

「陽気ぐらし」のために

No.88　平成二十四年七月十日

恒例の「祇園博多山笠」が七月一日始まりました。七百七十年の伝統を誇り、暑い夏を越せるよう祈願する奉納神事です。各町の全七流れの「舁き山」には、前後に三人ずつの町役が台上がりし、六本の棒は二十四人が担ぐ。男たちは捩じり手ぬぐいに水法被、晒しの腹巻に褌を締め込み、長脚絆の地下足袋を履き腰には荒縄を差し込む。初日は箱崎浜での「お汐井取り」で無事息災を祈り、十日からはいよ〳〵舁き山が走り出します。十二日は本番に向け「追い山馴らし」、十三日は「集団山見せ」。十四日にも「流舁き」は自分たちの流域に舁き入れます。十五日早朝「追い山」に七流れが間隔を空けて櫛田神社周辺に待機する。四時五十九分太鼓がドンと鳴り響くと「ウオー」という雄叫びと共に一番流れが神社内の清堂を廻りこみ、五キロ先の「廻り止め」に向かって博多の街に繰り出す。山の前哨には子供たちが走り、男たちは山を取り囲みながら走り交代する。「オッショイ、オッショイ」の掛け声と沿道のバケツの勢い水で観衆と山が一体化する。こうしてすべてが到着して山笠は終了です。子供のころ、母の布教の日々で食事も欠くなかでお菓子やおにぎりをもらって「おいしかった」とその味を思い出させてくれる山笠でもあります。

「陽気ぐらし」のために

No.89　平成二十四年九月十日

夏の祭典「こどもおぢばがえり」の「おやさとパレード」に里子三人を含め十人の子供たちが参加し、見事金賞を得たのは炎天下での鼓笛隊合宿の演奏、ドリルの猛訓練の成果でした。感動を胸に戻ってきた次の日、「ニンちゃんおうちに帰れるんだよ。ニンちゃんがこの家で一生懸命頑張ったからだよ」と言うと目に涙を溜め、「うれしい。でも悲しい」と妻の膝に顔を埋めていました。一年五カ月我が子のように一日でも長くここにいてほしいという願いも、一カ月前児相から母親の意思を聞かされて、これが本当のことと言い聞かせる日々でした。委託されて三カ月間は「帰りたい」といつも泣いてばかりでしたがいつの間にか我が家の子になりました。毎月十日のお祭りには学校を早引きして手伝い、人がたくさん来るのを誰よりも喜んでいました。一緒に過ごしたミヨちゃん（仮名）は「ニン着る？」と自分の服を渡しながら「帰らないで」と泣いていました。ニンちゃんからもらった手紙には「かいちょうさん、おばちゃん一年間ほんとうにありがとう。またもし里親にいくようになったらここにくるね。またどこかであえるかもしれないね。わすれないからね、だいすき　ニンより」と。今日も暑くなりそうです。お体ご自愛ください。

「陽気ぐらし」のために

No.90　平成二十四年十月十日

九月二十三日に両国国技館の大相撲九月場所で横綱白鵬を制し全勝優勝を飾った日馬富士は、第七十代横綱昇進を果たしました。体が小さいだけに大型力士からいつも跳ね飛ばされましたが、「努力は裏切らない」と自らに言い聞かせて土俵に上がったのでしょう。日馬富士が目指す力士は千代の富士だそうです。千代の富士は国民栄誉賞を受けましたが、あるとき「今の貴乃花はその日暮らしの相撲を取っている。私は三年先を見て稽古の貯金をして土俵に上がっている」と語りました。いささかなりとも剣道をしている私には耳の痛い言葉ですが、座右の銘にしています。元々伊勢ケ濱親方（元横綱旭富士）はこの道の信仰者だったので日馬富士も導かれて天理（お地場）に足を運んでいたそうですが「教えのなかで心に残っているのは、何かをお願いするのではなく、感謝することです」という真髄を相撲のなかに潜ませていたのかもしれません。感謝は不可能を可能にする無限の力を持っています。ふだんの生活のなかで忘れがちな家族、仕事場、自らを取り巻く環境のなかで「ありがとう」のひと言は、自らも明るくする至福意識の光かもしれません。

今日もやすらかにお過ごしください。

「陽気ぐらし」のために

No.91　平成二十四年十二月十日

第十一回市民フォーラム「子どもにやさしいまちづくり」が、市民・行政のネットワークと連携して「子どもの声を社会へ」というテーマで十二月一日、二日にふくふくプラザで開催されました。「子どもは沈黙の市民」と言った方がいます。体罰、虐待やネグレクト、あるいはいじめに対して発信できない声なき声に耳を傾け、その声を社会に届け、社会の在り方を変えていこうと、分科会や、「子どもの人権オンブズパーソン」を提唱する桜井知恵子氏の講演、リレートーク・パネルディスカッションが繰り広げられました。見えない密室で最愛の母親から虐待される子どもは誰に助けを求めるのでしょう。教祖（おやさま）は「この世は親が子となり、子が親となり恩の報じ合い」と仰せられました。この思いに立てばきっと真の親子の姿を取り戻すでしょう。里親となって九年。新しい年を迎え春になれば、小学六年から我が家の子となった由美ちゃん（仮名）は父親のもとから高校に通います。しかしそこには母はなく主婦の仕事が待っています。あどけなかったころの写真を見て、成長した姿に育てる苦労や育つ楽しみを味わった年月の重さを感じます。

師走に入り、寒さが増しています。どうぞお体ご自愛ください。

「陽気ぐらし」のために

No.92　平成二十五年一月一日

年も改まり、身も心も清々しく感じられ、元旦は心を仕切るという大きな意味があります。お陰でこのチラシも百号に近づきました。浅学非才ながら誰かの生きるヒントになればと思い書き綴っています。さて今年は巳年（蛇）です。蛇は金運、財運、子宝成就、安産の神として奉られています。この生まれ年の方は穏やかで柔軟ななかにも心の強さと信念を抱いているので、どんなときにも屈せず人生を切り開いて行くといわれます。何事もつなぐという心が備わっているからだと思います。方角は巽（辰巳）南東に位置しています。人間創造説話「元始まりの話」では生命と、天体の十全の守護の一つ「くにさづちの命」が対座され、寿命、子孫へのつなぎ、金銭、縁談、よろずつなぎのご守護がなされます。そこには「人に優しい言葉、思いやりの心」が促されております。しかし日々の生活のなかで夫婦、家族、対人関係でときとして勇めぬこともあります。教祖（おやさま）は「どんなことも親神様の可愛い一条からの節。節から芽が出ると喜ぶその心がたんのうや、たんのうが誠」と仰せられました。その喜びをつなぎ合わせてよい年にさせていただきたいものと思います。今日も健やかにお過ごしください。

「陽気ぐらし」のために

No.93　平成二十五年二月十日

教祖（おやさま）百三十年祭は三年後に迎えます。当時、日本は日清日露戦争に没入し、国民の思想統制が図られる情勢のなか教祖は「世界一列は親神様の元に皆兄弟、他人というはさらになし」と説かれましたので度重なる官憲の迫害に遭い最後には明治十九年一月十五日八十九歳で酷寒の獄舎に入れられます。しかし翌年の一月二十六日、なおもおつとめを急き込まれますので初代真柱様は「教えと法律が両立するようお願いします」と訴えられます。そのとき「さあ〳〵月日がありてこの世界あり、世界ありてそれ〳〵あり、それ〳〵ありて身の内あり、身の内ありて律あり、律ありても心定めが第一やで」とこの世の生成の真実を説かれました。人々はその声を頼りに命捨てても構わんとつとめ、教祖はその様子に満足して現身を隠されます。皆は警察が踏み込まない不思議さを目撃しました。その後二十年教祖代理をつとめられた方が「何処へも行てはせんで日々の道を見て思やんしてくれねばならん」（明治二十三年三月十七日）という力強い言葉で爆発的に布教が展開されました。地場は「世界の子供帰って来る。今日か明日かと待っている」との親心に包まれる所。一度お帰りになりませんか。梅香るとき、今日も健やかにお過ごしください。

「陽気ぐらし」のために

No.94　平成二十五年三月十日

先日の読売新聞に高島福岡市長の「これまでは都市の成長に力を入れてきたが今後は地域と子供に力を入れる」という予算編成の話が載っていた。東区は新しい都市構想による発展が期待され、なかでも名島校区は環境がよいと小中学校の転入生も増えています。しかし町は元気な人たちばかりではありません。高齢者、障害者、子育て所帯などの人たちが「安心して子育てができ、安心して年が取れ、安心して同じ地域に住める」という願いを持ちながらも行政だけでは手の届かない虐待や孤立の苦しみを嘆いています。統計では校区には六十五歳以上のひとり暮らしが八百人以上おられます。こうした社会状況のなか名島校区社会福祉協議会は「ふれあいネットワーク」を各自治会で立ち上げようと動き始めました。これは地域住民や団体、機関が連携して「見守りや声かけ」などをする安否確認、訪問活動です。まさに昔の「向こう三軒両隣」の町づくりです。人の幸せは誰かに必要とされている、自分の存在が皆から認められているという仲間意識にあると思います。

教祖（おやさま）は世界は葡萄のように丸くつながるのやで」と仰せられました。

梅花こぼれ桜の蕾ほころぶ頃です。今日も健やかにお過ごしください。

「陽気ぐらし」のために

No.95　　平成二十五年四月六日

例年より早く桜満開となりました。六日には教会祭典後に庭先で花見をしますがそれまでに花が散らないようにと願っています。川柳に「染めなせし色はなけれど春来れば、花は紅、柳は緑」と詠われるように、四季を彩る花の美しさに心洗われます。ちなみに日本の花文化は幕末に来日したスコットランドの植物学者フォーチュンの著書「幕末日本探訪記 - 江戸と北京」の中で「花を愛する国民性が人間の文化的レベルを証明する」と記しています。花は結婚式などおめでたいときに添えられます。昔から清純な乙女のことを「番茶も出花」と例えられ、番茶でも淹れたては香りが高くておいしいように、娘盛りは美しいもの。やがて嫁ぎ、子孫へつなぎます。これについて教祖（おやさま）は「男も女も寸分違わぬ神の子や。女というのは子を宿さにゃならん、一つの骨折りがあるで。女の月のものはな、花やで。花がのうては実がのろうか」とお諭しなされました。今日は少年文化会館で姪の娘のダンス発表会に行きました。今はまだつぼみのころ。しかし確実に成長し開花するだろう命の神秘さを感じながらも、間違わんようにとハラハラして観ていました。

今日もやすらかにお過ごしください。

「陽気ぐらし」のために

No.96　平成二十五年五月十日

新緑萌える風そよぎ、野山の草木から一斉に新芽を伸ばしています。人間も自然の一員なのできっと体の働きも夏モードに変わっているかもしれません。今日も元気で働けるのは、日々想像を絶する一兆個もの細胞分裂と生命活動が行われているからです。自分で意識して心臓や呼吸器を動かしたり、体温を調節したりはできませんので今一度健康の尊さを見つめたいと思いました。そもそも命の根源は、原始地球の泥海の中で約十億年前有性生殖、つまり夫婦で子を生む働きに始まります。しかしそこで何が起きたのか、宇宙や海底から探求していますがいまだ解明されません。おふでさきに「いまゝでハがくもんなぞとゆうたとて　みゑてない事さらにしろまい」(四-八十八)「そのはづやどろうみなかのみちすがら　しりたるものハないはづの事」(三-七十)と元の働き、創造の真実を明かされました。教義の根幹「元の理」です。しかし元の理は遠い昔話でも創造神話でもなく「いまがこのよのはじまり」と仰せられるように愛の営みで生まれた赤ちゃんにとっては「今」がこの世の始まりだからです。ちなみにこの十月十日間は十億年に匹敵するといわれます。博多どんたくも終わりもう夏に向かいます。今日もやすらかにお過ごしください。

「陽気ぐらし」のために

No.97　平成二十五年六月十日

「心機一転」この言葉はときとして遭遇する挫折感や苦衷を仕切り直して「さあやろう」というときの心構えです。例えば良かれと思って言ったことで相手が傷つき落ち込ませてしまったときの後悔ほど辛いものはありません。しかしご神言に「辛い日は楽しみ。辛い日を辛いと思うから間違う。辛い理より一つこうのうあるまい、しんどの中に実がある、楽の中に実がない」（明治三十二年十二月六日）と仰せられ真実の心があれば辛さのなかに神様にお働きいただく理があり実が稔るということです。ご神言に「づつないことはふし、ふしから芽を吹く、やれふしやふしや楽しみやと大きい心持ってくれ」（明治三十七年三月六日）とあります。教祖（おやさま）自らも官憲の弾圧による十数度の投獄の渦中、母の帰りを待ちわびながら出直した娘小寒に「長い間ご苦労やったなあ早く帰っておいでや」と労われ、いかな難渋も親神の深い思召しから成人を願われる節からとなおも助け一条の道を貫かれました。真実に心を澄まし、一切は神様にお任せして与えられた仕事、立場で目指すものに一筋に進み、朝夕に助かりを祈ることから心が開かれると信じます。

梅雨に入り何かとうっとうしい毎日ですが、今日も健やかにお過ごしください。

「陽気ぐらし」のために

No.98　平成二十五年七月十日

暑い夏が訪れます。葉桜が緑いっぱいに茂っています。頼まれなくとも四季折々に視覚、味覚を楽しませてくれるのを単に自然の営みとは言えないと感じます。天文学者ニュートンは「宇宙は何かの意思で動いている」と真実を述べました。人間も何か偉大なものの意思で生かされていると感じます。ご神言では「身のうちかりものかしもの心だけがわがの理」（明治三十三年六月一日）と教えられます。教祖（おやさま）在世のころ、夏の暑い昼下がりある人が神戸から来訪した。教祖はお休みになっておられたが、やおら起きられ「まま食うのも月日（神）なら、物言うのも月日やで、それが分からんが残念」と仰せられまたごろんと横になられた。その人は何か馬鹿にされたように思い憤慨して家路に就いた。ところが数日したら日本中に流行していたコレラにかかった。高熱で妻に「水をくれ」の言葉も出ない。そのときハッと「ご飯食べ、物言うのも目に見えぬ親神の働き」に目覚めて感涙にむせんだそうです。当方は夏のおぢばがえりの鼓笛隊に参加する十一人の子供たちが二十六日福岡をたち八月五日に元気で帰ってくるのを楽しみにしています。

今日も暑くなるようですが梅雨明けも間近。お体大切にお過ごしください。

「陽気ぐらし」のために

No.99　平成二十五年八月十日

この夏天理の修養科に息子のT夫が勤めた。修養科は十七歳から高齢に至るまで寝食をを共にし教義を学び自らを洗い直し一歩を踏み出す所である。大分の美容室から福岡に転居し再就職の段取りも調い、しかも結婚四カ月目であったが、私心を忘れ一筋に励むため、お互いに交信を絶つ約束で、四月二十一日福岡をたった。早いもので七月二十七日には身も心も澄み切り、終了の日を迎えた。陽に焼けた息子と久々に会った。そのとき「同じクラスの男性が夫人と修養科に見え、健診で癌の影が二つ見つかり地元で治すと夫人を置いて勤めを辞退された。T夫は何とか神様のご守護をいただけるならと、早朝三時半ごろから神殿掃除はもとより回廊拭きを心定めて一人行い、クラスの皆もこれに倣った。すると地元に帰った男性の癌の数値が下がり退院して自宅に帰れたという。『これは私のために真実を注いでくださったクラス皆さんのお陰、T君のお陰です』と泣いてご主人の言葉を伝えられた」と目を輝かせて話してくれた。しかもまだ三日あると今朝も自室を抜け出し黙々と床を拭いている姿を親神様はどんなお気持ちで見ておられるだろうか。

酷暑の折、今日も健やかにお過ごしください。

「陽気ぐらし」のために

No.100　　平成二十五年十月十日

九月二十八日の読売新聞「編集手帳」に載った一文に「真珠は傷める貝に宿るという。身のうちに入り込んだ小石などの異物に刺激を受け、それを核にして貝は真珠をつくる。肉に食い込む異物が痛くて、少しでも和らげようと貝はあのなめらかな真珠質の膜で異物を覆うのかと・・、人も同じだろう。誰しも何かしら災難や不幸の「異物」を胸に抱いている」とありました。それは生い立ち育ちの中で受ける嘲笑、蔑みの古傷や、リストラあるいは病苦、生涯を誓った夫婦が真坂の軋轢（あつれき）で異物を抱き込むようなものでしょう。しかし真珠は不必要な物を包み込んで白い玉に変えて光沢を放つという教訓になっているように思いました。教祖（おやさま）は十数度に及ぶ投獄に遭っても「反対するのも可愛い我が子」と取り調べの警察官を労われ、母の帰りを待ちわびながら出直した娘に「長い間ご苦労やったなあ早う帰っておいで」と慈しまれ、なおも助け一条を進まれたのは「づつない事はふしふしから芽をふく」という節ごとに芽を出し伸び栄える道が開かれていればこそと思います。難渋は幸せへの真珠かもしれません。

秋も深まり恵みの味覚がありがたく思えます。健やかにお過ごしください。

「陽気ぐらし」のために　No.101

平成二十五年十一月十日

今年も敬老の日に長寿をお祝いする祝事が各所でありました。総務省の人口推計では六十五歳以上の高齢者が二五％に達し、厚生労働省の調査では百歳以上が五万四千人人を超えるということです。しかし長生きの本質はただ年齢を伸ばすだけでなく、生きがいや目標を持って年齢にふさわしい良い日々を送ることだと思います。欧米では元気なお年寄りのヤングオールドがより高齢のゴールドオールドを支援し介助する助け合いが行われています。だから年齢を「年輪」と数え、高齢者は日本を作り上げた「功労者」として温故知新の尊さを讃えたいものです。教祖（おやさま）は「一日生涯」と仰せられました。朝起きると誕生で、日中が人生、夜寝るときは身をお返しするときで、そしてまた朝の誕生を迎えます。ちなみに直方文藝史に残る阿部王樹の俳画で「朝の来ない夜は無い」と娘宅に掲げられた暖簾を目にする度に心が洗われます。ご神言に「満足は心の理、やさしきものは日々満足 - 中略 - 喜ぶ理は天の理にかなう、かなうからさかん」（明治三十三年七月十四日）とあります。同じ空気を吸いおいしいものはおいしい、喜びは隔てなしだと思います。

紅葉を目で楽しみ、味覚に舌鼓を打つ。何とこの世は親切ずくめでしょう。

「陽気ぐらし」のために

No.102

平成二十五年十二月十日

今年も残り少なくなり元気で過ごせたことを本当にありがたく思います。しかし何事もなかったという人は一人もいないと思います。そのなかでいろいろな課題を抱えながらもくぐり抜けた方もおられるでしょうし、それをどう受け止め乗り越えるかが大切なように思います。私は真柱の「諭達」の中にある「時として、親神様は子供の行く末を案じる上から、さまざまにふしを以て心の入れ替えを促される。しかしおふでさきでは『とのよふな事をするのも月日にわ　たすけたいとの一ちよはかりで』（十二 - 七十八）と、全ては、ひたすら一れつ人間をたすけてやりたいとの親心からであると仰せられる」の一文に支えられることしばしばです。苦衷に直面して親神様の深いお慈悲、限りない親心、思召しをくみ取らせていただいたとき、あと一掘りして地水が噴きあがるように新鮮な喜びがわいてきます。そこに「成る程の理」に裏打ちされた真の生き方「陽気ぐらし」ができると信じます。来年は午年なので中国の諺に「馬到成功」「萬馬奔騰」「天馬行空」とあるように目標を定めて勢いよく突っ走ればきっと万事成功する年になるに違いありません。

師走も迫りますが、どうぞご自愛され健やかにお過ごしください。

「陽気ぐらし」のために

No.103　平成二十六年一月十日

年改まり皆「よしやるぞ」と気合が入っていることと思います。今年は十二支の午を馬としてその姿形を象徴し生まれ年の性格や今年の運勢などがあれこれはやされます。白馬は貴人を乗せ、天馬は神の使いとあがめられ、農耕第一の働き手の馬は生活の一員としてなじんできました。十二支の午は南方に位置し、時間や季節などを示し、天理教義の創生説話「元の理」では南に温もりの働きを守護される「おもたりの命」の心の在り方をも表しています。「おもたりの命」は泥海の中で生命を宿された時から十億年の人間に向かう進化の過程でもまた羊水の中でも温み、水気五分五分のちょうどよい湯加減で胎児を育てられています。作物が育つのも地熱です。教祖逸話の一編に、明治十七年春、戦火を潜り抜け行軍して旅館に宿営した登喜治良は、傍を通られた教祖から「ご苦労さん」とお声をかけられた。「私は得も言われぬ崇高な念に打たれ、神々しい中にも慕わしく懐かしく、そのときこのお道を通る心を定めた」と述懐されています。温かみある言葉で人が感化徳化されることがうかがわれます。心新たに馬力の勢いと共に温め合い一歩を踏み出したいものです。よいお正月を迎えられたことでしょう。今日もやすらかにお過ごしください。

「陽気ぐらし」のために

No.104　平成二十六年二月十日

「東風吹かば匂い起こせよ梅の花　主なしとて春な忘れそ」これは菅原道真公が後醍醐天皇の帝位を奪う謀り事を企てたと誣告（ぶこく）され、罪を得て大宰府に左遷される時に詠んだ歌で、そこには厳しい冬にも春を待つ希望の芽を示唆しているように思われます。この「待つ」ということがいかに命の原動力になるかを思い起こします。実は平成九年一月当方の神殿移転普請のあとに信者のYさんが脳梗塞で倒れました。旧教会の折は毎日のように、ここに来てからは一週間ごとに自転車に野菜や干物を山ほど積んで参拝されていました。神様のお計らいをいぶかりながらも朝おつとめ後にご神水を奉じおさずけをさせていただき、歯磨きエプロン洗い干しで九カ月間通いましたが途中一言も愚痴がない事に気づきました。今は熊本の療養施設で娘さんの手厚い看護を受け孫ひ孫に囲まれています。毎月伺い、十五年になりますが顔を見る度に「毎日待っとうよ。会長さんやお母さんを待つ気持ちによってうちは元気になりようとね」と言います。人を待つは春の訪れのように生きる希望の花が咲いているのだと思いました。今日も「また来るね」を約束して辞します。福岡城の舞鶴公園も梅花満開のことでしょう。今日もやすらかにお過ごしください。

「陽気ぐらし」のために

No.105

平成二十六年三月十日

この数週間、微熱・咳・痰に悩まされた。特に夜中に起きる発作で眠れない。六カ月前から進めた教会の拡張に取り組んだが、行きつ戻りつ話が進まず、決済も迫って、毎夜考えあぐねた。「なぜだろう。どこに神意があるのだろう」と。しかしふと気づいた。物の順序が逆だった。教祖(おやさま)より方法先案じを上にしていた。神様のお言葉に「さあさあ月日ありてこの世界あり、世界ありてそれぞれあり、それぞれありて身の内あり、身の内ありて律あり、律ありても心定めが第一やで」と、この世の成り立ち、構成の順序を説かれている。世の中はこの優先を外すところに天変地異の乱れが生じている。神前でこの真実に触れて熱い涙があふれた。「もう迷わない、揺るがない」と心に定めて病院に行きインフルエンザAと診断された。先日里子のインフルエンザをもらったらしい。今日会う土木業者はラストチャンスだった。しかしもう揺れない。天理教ではラストチャンスなどの言葉はない。自分が思うだけで神様はその後もっと大きな喜びを用意されているかもしれない。お陰で三百六十五日休みなしの中で五日間は個室で安心して休めるおまけがついた最良の日でした。蓮華、菜の花が彩る季節になります。健やかにお過ごしください。

#「陽気ぐらし」のために

No.106　平成二十六年四月六日

三月二十九日、三十日に最上級教会が「皆で一丸となって神殿の回廊を拭き、トイレ掃除をさせていただこう」と「陽気ぐらし団参」を提唱され、福岡、大阪、名古屋から三十一人が参加しました。お地場の神苑には桜や春の花々が満開で、都会の雑多な日々にはない心洗われる思いがしました。「別席」で神様の話を聞き「参考館」を参観し神殿に参拝しました。次の日は朝から雨でしたが「元チェッカーズの高杢禎彦氏」は記念講演で「ある日癌を医者から宣告され、妻に万一の時はどうする?と聞くと後を追いますと言われ、それまで否定していた天理の教えに耳を傾けた。内臓は何もかも取ってしまったがこの体で人様の幸せになれればと講演活動をしている」と話された。大教会長あいさつでは「どんななかでも喜ぶことができます。この雨でも喜べるところがあるはずです」と投げかけられました。そのあと、二千人もが四つん這いで回廊を拭き進みましたが、二人の車いすの方を皆で介助するなかで得も言われぬ喜びがわきました。教祖（おやさま）の「この屋敷に帰って来た者に一人も喜ばさずには帰されん」とはこのことかと思いました。花咲き鳥歌う好季を迎えました。今日も健やかにお過ごしください。

「陽気ぐらし」のために

No.107　平成二十六年五月十日

最近子供を巻き添えにする事故や事件が相次いで起きている。このため松崎会館で「子供見守り隊」の発足会があった。回覧板で希望者が募られ仕事を離れ少しでも何かの役に立てるならという方たちの集まりである。会の責任者が「いつ我々が見守られるようになるか分からない」と言ったので思わず笑ってしまった。松崎四町で十四カ所の交差点の配置場所を決め、オレンジの法被を着て「横断中」の旗を持ち交通誘導するのである。私は一年間続けられた郵便局長に一週間前声をかけられ、登校時間帯の朝七時四十分から八時二十分ごろまで立って旗振りしている。誘導しながら子供たちに大きな声で「おはよう」と声をかけると「おはよう」と元気よく挨拶が返ってくる。交通事故は横断歩道で多発するといわれる。私は子供たちを優先させ車の方を止めるようにして、協力してくれる運転手には深く頭を下げている。ふとこの子らのクラスに不登校の子供がいたら親はどんな気持ちだろうと思う。心の寄り添いが真の助けと言われる。明日はこの子らに交じって登校してほしいと願いながら一本の旗で尊い命が守れることを思い「おはよう」と声をかけている朝のひとときです。今日もやすらかにお過ごしください。

「陽気ぐらし」のために

No.108

平成二十六年六月十日

季節の移り変わり、時の流れは天意法則に基づいているように、その月々に理合いがあると思います。六月は雨水を集めて自然界すべてに潤いを与えます。命の源泉受精卵が体内で誕生に向かう六カ月目は、呼吸、聴覚、感覚器官が整い、体外の音や話し声が聞こえるようになります。母親の言葉や心遣いが胎児に影響を与え、感情の原初になるといわれます。夫婦の優しい語らいは心地よい響きになっているかもしれません。しかし生き方や考え方が違うと理屈を並べて修復ができない、そんなときは、静かに天意（人間創造の神）の声に耳を澄ますのがよいと思います。ご神言に「前世のいんねん寄せて守護する、これは末代しかと治まる」とあるように、二人の出会いは前世からの約束といわれます。そして六カ月目を守護される神様は聞く機能を与え、善悪を聞き分ける心遣いを示すため、耳を二つに分けてくださっています。素直で聞き分けがいい子は賢いと、親は陰からでもご褒美をあげたいものです。我々人間も素直に真実に目を注ぎ、互い助け合うところに末代治まる豊かな人生が用意されているに違いありません。

庭先の紫陽花が懐かしさを与えてくれます。健やかにお過ごしください。

「陽気ぐらし」のために

No.109

平成二十六年七月十日

梅雨半ばというのに降るか降らぬか五穀の不作を案じても「与えは天にあり」で科学や人智の限界を知らされます。しかし宇宙の悠久の営みと命の糧によって何不自由なく暮らせることの感謝に手を合わせます。教祖は「この世は天地抱き合わせの世界で人間は天を父とし、地を母とし親神の内の中で養われ、親神の懐の中に生きているのやで」と仰せられ「この世の地と天と象りて夫婦拵えた」と夫婦の原型を示されました。夫は天の働きを妻は地の働きを雛型として、その役割天性で補い合うところに明るい家庭が醸成され健やかに子供が育つと仰せられています。しかし先日「おやに置き去りにされた子供が三年間で四百八十三人、うち餓死寸前で保護された児童のケースも増えている」と報じられました。幸せを願い夫婦となり子供を授かりながら親子が疲弊していると感じます。おふでさきに「いまゝでハとんな心でいたるとも　いちやのまにも心いれかゑ」（十七 - 十四）「しんぢつに心すきやかいれかゑば　それも月日がすぐにうけとる」（十七 - 十五）と記されているように困窮の奥に御親の深いお慈悲に触れればきっと確かな本道に出ることと信じます。博多山笠が終われば本格的な夏を迎えます。ご自愛されてお過ごしください。

「陽気ぐらし」のために

No.110

平成二十六年九月十日

母が去って十年。お世話になった病院にお礼の気持ちでこの「陽気ぐらしのために」を置かせていただこうと、思い浮かぶままに書き綴ってきました。当時母は三度目の肺炎でもう会えないかと気にしながら天理に行き、参拝の後台風で欠航となり新幹線に変更したお陰で間に合いました。昏睡状態の耳元で「今帰ったよ」と声をかけるとハッと目を開け「神様のおさづけをさせていただこうね」かすかにうなずき拝んだ後静かに潮が引くように九十七歳の命をお返ししました。母は佐賀県浜崎の豪商の娘でわがままいっぱいに育つなか縁で結ばれた父の身上（病気）から天理の教えに導かれ、やがて父は教職を辞して夫婦で人助けにと、朝鮮・中国伝道に赴きました。二人には家庭の安らぎや我が子への情愛よりも教祖のひながたを頼りに人の幸せを願う布教師としての生涯を貫きました。翌月、里親登録してからは自分の家庭で生活できない子供たちが次々に訪れ、小学、中学、高校生へと成長し巣立っていきます。来年ははや十周年を迎えます。社会で働く元気な姿を見せてくれるのが何よりの喜びです。

秋風が立ち気温の高低が体調に障ります。どうぞ健やかにお過ごしください。

第二章　「陽気ぐらし」　いきいき生きるために

「陽気ぐらし」いきいき生きるために　No.1　平成八年一月十日

生きるということはいきいき生きるということです。水を得た魚がその姿を物語っているようです。生命の躍動の姿です。野菜も水分がなくなるとしなびて食えません。また生きるということは息をしている、空気が流通し血液中に十分酸素が補給されている状態のことでしょう。そして平熱が保たれていることです。生きるということは、水の働き、風の働き、火の働きが体内の隅々まで施されている、よく調和されているということだと思います。健康のバロメーターは体温が正常なこと。一度上がっても下がっても快適には過ごせない。かといって体温計でセットしている人はどこにもいない。呼吸を数えて生きている人もいないし体内の水分を量って補充している人もいない。みな自動セットである。しかし父母がそんなことをしているのを見た覚えもない。みな丸抱えされてこの世に送り出されてきた。胎児は羊水という水中の住まいで生まれる前から水の恩恵を受けている。「オギャー」という第一声から呼吸が始まる。大切な空気はただで無尽蔵に使っている。太陽の熱と光は億年の昔から代償を求めず限りなく降り注いでいる。一日として欠かせない水、水道料金を払ったからといって水の恩を返したことにはならない。

思えば生命の基礎の火、水、風は神のご意思、人間を慈しむ深い親心としか言いようがない。ご神言に「真実というは火、水、風」（明治二十年一月十三日）とお示しいただいています。

まさに体温は大恩に直結しているのではないでしょうか。

「生きている」のではなく「生かされている」が真理だと思います。共に生かされていることを感謝して日々過ごさせていただきたいものです。

「陽気ぐらし」いきいき生きるために　No.2　平成八年二月十日

種は実になる。人参は人参に、大根は大根になる。定められた通りに成ってくる。種と人参は似ても似つかぬ姿形をしている。だけどやっぱり人参は赤い色甘い味になってくる。つまり結果を生み出すには必ず過去の原因から弓引かれているということです。

今日の幸せは過去の原因からの結果を証明していることになります。

これをご神言で「成ってくるのは天の理」と言われる。この世はいいかげんには創られてはいない。すべて理路整然として人も草も鳥も動物も魚も生成を遂げています。

北原白秋が「バラの木にバラの花咲くなんの不思議はなけれども」と詠っています。これはもしバラの木に桜が咲いたら人々は不思議だ奇跡だと騒ぎたてるでしょう。これはまったく不自然で論外です。種の中を割ってみてもそこには一枚の花弁すら見当たりません。暗い土の中で栄養を吸って芽を出し地上に葉を広げ茎が伸び、やがて真っ赤な花を咲かせます。この人間の知恵や力で近づくことのできない深淵な神秘の世界こそ不思議と言えるものでしょう。種と自然の結びつきと調和に新鮮な感動を覚えます。

つまり自然のはたらきに従って種は必ず生えてくるという法則です。人間も自然の中の一員であるなら繁栄の基本として、万物創造の親神の思惑である互い助け合いの心で通らせていただくことです。

ご神言に「よきたねまけば、よき芽がふく―中略―あんじはいらんと大きい心もちて理をおさめ」（明治二十一年六月）と言われますように、心遣いが種であります。

家業第一といわれるが人に優しい言行、神恩に報いる日日は明るい人生を生み出す種（因）であることを知っておきたいものです。

「陽気ぐらし」いきいき生きるために　No.3

平成八年三月十日

喜べないときは、たいてい自分のことだけを考えているときである。そんなときはやることなすことが後手後手になったり、ちぐはぐになったりしてさらに喜べなくなってくる。ちょうど流れに逆らって泳いでいるようで力尽き流されてしまう。しかし自然はいつも穏やかな時ばかりではない。酷寒もあれば大嵐だってある。しかしみなじっと耐えている。その度に耐えることでどんな条件にも対応できる力が養われているのも事実である。我々人間も自然に学ばねばならないように思います。

それは存在目的と意義に生きているということです。人は自分が何のために生きているのかそれが分からないから煩悩に苦しみ幸せを彼岸に求めたりする。そこに信仰のもつ意義も生じてくるのだろうが答えを見いだせないまま終わっている人も多い。ではどこにその答えがあるのか。正しい答えを出すためには公式に合わせなければならない。そのためには人生の意義を見つけることです。意義を見つけ出すために目的を知ることです。存在するものにはそれぞれに目的がある。お銚子は酒を入れるもの、杯は口に持ってきて飲むために作られている。それを逆に使えば頭を疑われる。では人間は何を目的に造られたか、

存在意義はどこにあるのでしょうか。赤ちゃんが生まれてすくすく成長する。ましてや兄弟仲良くは親のこよなき願いであるように人間も親なる神の思惑で創造された。それは助け合いの陽気ぐらしをさせることです。体内は調和と助け合いで健康です。喜びの源は感謝と相手に合わせる

心だと思います。

「陽気ぐらし」 いきいき生きるために No.4 平成八年四月六日

吹き溜まり。つむじ風が吹いてごみや紙くずが舞い込む。袋小路はそんな状態である。行き詰まり行き止まりはいかにも暗い。流れが止まる流通が遮られる。これは清潔ではないし健康的でもない。

私たちも気持ちが滅入る、落ち込む、なかなかすっきり思い替えができないのは心が吹き溜まりになっているからであろう。嫌なことを思い出せば再び腹が立ってくる。悲しくもなってくる。それがいつまでも心に残っているからときとして思い出され、いずむ。心が腐ってくる。そんなときは感情の虜になっている。そこから抜けきれないでいる。

ではどうしたら脱却できるのでしょうか。それは貸し借りの計算をしてみることです。プラスマイナスの計算をしてどちらが大きいかということです。

私たちは世界で一つしかない命を与えられてこの世に誕生した。そして親や周りの真実、自然の恵みを戴いて今日の成人があります。昔から親の恩は山より高し海より深しと言い、また仰げば尊しわが師の恩と学んだ。ノーベル物理学賞を受賞した湯川秀樹博士は、昇る朝日に手を合わせて研究に臨んだという。私たちは人の恩、自然の恩をいかに受けて育ってきたかを静かに振返ってみる。それに対してどれほどお返しししているだろうか。

ましてや、身体は万金に替え難い宝であります。

寝ていても止まらない呼吸、何十年も働きずくめの心臓も一秒の休憩もなし。ご神言に「身の内かりものかしもの、心だけがわがの理」（明治三十三年六月一日）と仰せいただいています。自分のものと思っている体も病めばどうにもならない。

私たちは知らぬ間に大いなる神の恩恵を受け、提供し合う労力に支えられて生きていくことに気づかせていただく。その返すことのできない神恩人恩を深く感じて何からでもお返ししようという行い。それが喜びの領分を定め、そこに行き詰まらない人生を築いていくのではないでしょうか。

「陽気ぐらし」いきいき生きるために　No.5

平成八年五月十日

この世は神様の計算で造られています。お百姓は神様の計算に合わせて種を蒔き収穫という答えを出している。私たちも季節の移り変わり暑さ寒さに合わせて衣替えをして快適な生活をしています。だとすれば人生を通るという観点に立ったとき何に合わせて生きたらいいのでしょう。それは天の理に合わせることです。天理とは天然自然の法則という意味合いと、神様（天）の働き（理）に合わせるという生き方が込められています。神の働きとは、この世の起源、生命誕生に始まって生命進化の流れに見る生命の伝承です。

私たちの生命は何ものかの偉大な働きによって生かされています。その創造主である親神の創造の意思に合わせて生きることが人間としての意義があると仰せいただいています。

おふでさきに「にんけんもこ共かわいであろをがな　それをふもをてしやんしてくれ」（十四-三十四）とお示しいただきますように、子供の幸せを願わない親がいないように、幸せになるために親の意見ほど尊いものはありません。その意見とは何か。それは「互い助け合いによって陽気ぐらしの世にする」という人間創造の目的を知らせていただくということです。

日本が真の平和になってやっと五十年です。それまでは日本史に見るように政権獲得のために引き起こされた戦乱の世でした。その後世界を相手にした大戦、そして敗戦。

おふでさきに「せかいぢういちれつわみなきょたいや　たにんとゆうわさらにないぞや」（十三-四十三）「せかいにハこのしんぢつをしらんから　みなどこまでもいつむはかりで」（十四-二十

六）と仰せいただいています。

人間の幸せは金や力や権力で勝ち取ると思っていた誤算にようやく気がついたのではないのでしょうか。

神様の計算に合わせて真の幸せという答えを出してみたいものです。

「陽気ぐらし」いきいき生きるために　No.6　平成八年六月十日

使わないものは退化する。切れ味を誇る名刀もさやから出さないとさびついてしまう。体も脳も使うほど健康になり知恵も出し心も使うごとに幸せを生み出します。

教祖（おやさま）は「人間はこの世に働きにきたのや、はたらくとははたをらくさすことや」と仰せいただきました。このはたらくとは労働的な行動と心のはたらきを指しています。心の働きとは周りや人生の途上で交わる人たちを楽させる、幸せを与えるということです。例えば店頭に並ぶ野菜は新鮮であることが第一です。八百屋さんはそのために朝早くから市場へセリに行き山ほど仕入れてきます。このときお客にいかに喜んでもらえるかという心が先に働く人があり、片やできるだけたくさん売ってもうけよう少し古い品でも構わんだろうという人の二者がいたとします。形の上で同じようですが、前者は心の働きがされています。それが積み重なると幸せの基礎になるので思わず知らずのうちに商売だけでなくお金で買えない家庭や人や自らの健康になって返ってくるものです。これが「成ってくるのが天の理」とお示しされるところです。半面利益優先に走りますと確かに商売繁盛のように見えますが、先行きはいかがでしょう。

商売に限らず人との付き合い関わり合いのなかでも、人のため、会社のために心をはたらかせていただく。その時は一見損のように思えるものですが、それが火にも焼けない水にも流されない、自分の心の財産であり、それが徳だともいえます。

自分のことばかり考えている人の脳はどんどん退化しているといわれます。「人は執着を去れば明るさが生まれる」と仰せいただきます。

今日を勇んではたらかせていただきたいものです。

「陽気ぐらし」いきいき生きるために　No.7

平成八年七月十日

この世は相反する二つの組み合わせで成り立っている。電気はプラスの陽極とマイナスの陰極で光を放つ。火と水の調和で作物は稔り、生あるものの基礎となっている。男と女によって子供が生まれる。ごく自然であると思えることもよく見ると不思議と思える組み合わせである。健康の源も温みと水の調和で維持されている。呼吸でも吐く息と引く息がぶつからずにうまくリズムがとれている。自然も降ってくる雨と昇る水蒸気の交互の働きは永遠に変わることなく営まれている。宇宙の法則は親神の意思思召しにほかならない。

この世は不変の真理で組み立てられていることに気づかせていただく。

神様は、この理（働き）を「二つ一つは天の理」と仰せいただいています。つまり仇同士と思える相反する二つのものが互いに五分五分に歩み寄って助け合うところに完成された働きを生み出しているということです。

夫婦は温みと水気の理（働き）で成り立っていると仰せいただいています。男は水の理、女は火の理を持っています。温み五分、水気五分の調和が子宝を生み出し幸せな家庭を築いていくものです。ところが亭主関白では、水の理が強すぎて火の温もりを弱めて冬型の家庭となり、反対に奥さんが強すぎてご主人を下においていると、火が勝って日照り型家庭となります。そこでは実りある結実は望めないのも自然の理ではないでしょうか。子供は苗木、良く育つのも良き調和と思うとき、神様から与えられたそれぞれの天性を自覚し相手の立場を生かしてこそ、成長の喜びがあり、またその和合は自らの生命を永らえ、幸せの人生を築いていくものだと思います。

「陽気ぐらし」 いきいき生きるために No.8　平成八年八月十日

よく運がいいとか悪いとか言いますが果たして運なるものがあるのでしょうか。良くいけば運がよかったと言い、悪くなれば不運を嘆く。誰しもが大なり小なり感じ、悲喜こもごもの体験に見えつ隠れつするのがこの運です。運というのは努力以上の良い結果が出たときに幸運と言い、努力に反してその成果が見えないときに不運と嘆くもののようです。

さて、つかみどころのない運というものはふわふわ浮遊していて偶然遭遇する、そのときその場所の縁で運不運が左右されるようないい加減なものでしょうか。

結論から言えば、必然からすべて成ってくるのが運だと言えます。

この世の中は天然自然の法則で成立しています。天体の運行、人体の働きは相互に連携と調和でうまく組み合わされています。人間の吐き出す炭酸ガスを樹木が吸って人間が生きるために大切な酸素を吐き出しています。月の引力で海の満ち引きが起き魚介類が生息しそれを人間が食べて命を維持しています。科学万能の時代といわれる今日は永久不変の天然自然の法則を基本として築かれました。

人間も生きるという基本姿勢に立つのなら、自然の営みを無視しては生きていられません。営利本位から自然のリズムを狂わし大きな環境問題が深刻化しているように、自分本位の生き方が周りのみならず自分の人生に支障や狂いを生じさせています。それが病気や事故を誘発させている最大の原因だと気づかせていただきたいものです。幸運とは、日々の心遣いが人間創造の神の思召しである互い助け合いの心で通るなかに結果として現れる姿だと言えます。

一粒万倍、これこそ自然に裏打ちされた幸運の姿だと思います。

「陽気ぐらし」いきいき生きるために No.9 平成八年九月十日

数字の起源は二である、と説いた科学者がいる。普通は一が始まりだが常識にとらわれずにじっと考えてみると二という数字は深遠な響きと無限に広がる力を内在していると感じる。そういえばこの世の原理はみな二で構成されているのに気づく。地球起源の後、今から三十三億五千万年前、混沌とした泥海に微生物が発生した。藻類と細菌の二種類であった。やがて十億年前、二種類の細胞が一つに結合して受精卵をつくり細胞分裂を始めた証拠が化石の中から発見された。それから生命進化の歴史が繰り広げられ、現在地球上にはヒトを含めて一千万種類の生物がいるといわれる。まさに二が起源になっている。

教祖（おやさま）は「二つ一つが天の理」と説かれた。繁栄の真理といえます。

この世の中は相反する二つのものが一つの働きをしている。火と水が一つに調和されて体温を保っている。バランスが崩れたときに高熱か悪寒に苦しまなければならない。男と女が一つになって夫婦という単位となる。暗闇を照らす明かりは、プラスとマイナスという電極が一つになって灯される。また人間の体内の働きも空気の出入りが中心になっている。目、耳、鼻孔、両手、両足、口と大小便の出口、男女の道具（これは二つが一つになって生み出す働き）。相補うこの九つの道具の素晴らしさに簡単させていただく。どんな薄い紙も裏があり表だけでは存在しない。

生死、苦楽、長所短所、清濁、因果、陰陽、いずれも表裏一体である。目が二つあるのは、嫌なものを見たら「よく見えるなあ」と、見えることを喜べとお教えいただいた。自分の都合だけで見るのは片手落ちかもしれません。

「陽気ぐらし」いきいき生きるために No.10

平成八年十月十日

手が揃うということを人の心が相寄ったという意味で使われます。天理教では「一手一つ」という言葉があります。両手をたたけばポンと一つの音がする。どっちの手で鳴ったか。左右の手が交差すれば鳴らない。鳴る（成る）ためには合わせることが公式です。

コップ一つでも紙一枚の隙間があるとつかめず持ち上げられません。幸せの基本は合わせることだといえます。私流ですが幸せとは仕え合わせるということではないかと思います。仕合わせは、相手の思いに合わせることだと。

最近特に家庭内が治まらないための悲劇が少なくありません。合わせて成ってくる真理からずれているといえましょう。この世は絶対の真理で構成されています。天体の営み運行は永久不変であり、生命が誕生した十億年の昔からの進化の歴史は公式を通しての命であったといえます。

動物は習性に従って生きています。北狐物語に見るように生み育ての後の子別れの時期がくると親は牙をむいて子狐を容赦なく突き放します。渡り鳥は何万キロもの海洋を渡ります。そして子孫を残すための厳しさを経なければなりません。このようにすべての生物には定められた生き方がありそれに逆らうことなく生命が受け継がれていきます。

しかし人間は思考能力があるために幸不幸に分かれていくようです。だとすれば人として生きるには神様の定められた道があるはずです。それが天理であります。社会の基礎は夫婦という単位で成立しています。

神様は男に天の心を授け、女に地の心を授けて夫婦を創られこの世を始められました。妻は大地の心で夫に合わせ、夫は天の心で家庭に潤いを与えます。そして子は親に従います。この順序が世の治まりとなります。

教祖（おやさま）は「争いは下の方から起こる」と仰せられています。仕合わせの心が幸せの根源であると信じたいものです。

「陽気ぐらし」いきいき生きるために　No.11　平成八年十一月十日

事故や災難はいつどこで遭遇するか分からない。よけられない何か見えない世界が設定されてそこに通りかかった人が運悪く引っかかるような気がする。時間と状況が重なっての結果といえる。人間は目の前のものは見える。しかし五分先のことは見えない。予知できない。命の保証や安全の確証は誰一人持っていない。医者ですら自分の診断を見誤っているときがある。自分のことが一番分からないと思う。人は自らの生命力に支えられ、そして自然の季節、摂理に合わせ、温度に合わせながらいきている。人間の知恵や力でどうにもならないのが自然の営みリズムです。逆らえば滅びる。逆らわない樹木は自然に守られて栄えている。天にそびえている。守られるものは強い。それは自然のルール、基本が治まっているからです。大地に根差しているから大地にしっかり抱かれて命をいただいている。人間も根を持っている。心根、根性ともいう。肉体は幹枝葉といえましょう。人間も自然界の一員であることは言うまでもありません。栄える人とそうでない人の差は心に原因があります。努力を支えるのは心ともいえます。

結果を生み出すのは原因、というのは自然の真理の示すところです。種通り実になる。しかも蒔いた種の種類によって異なるのは当然です。従って人参は人参、大根は大根となって生えてきます。

それをご神言に「成ってくるのが天理」であると仰せられている。その種となるのが日々の心と言葉と行いです。予期せぬ不幸に泣くのも、幸運に恵まれるのも、自ら蒔いた種の結果です。そのためにも心の立て替えを許させていただき、真の生き方を学ばせていただくのが人間の親なる神の教え「天理」であります。そこに節から芽が出る繁栄の道が開かれていくものです。

「陽気ぐらし」　いきいき生きるために

No.12　　平成八年十二月十日

真理は見えぬところで光っている。見えぬところで働きがある。立木は見えるが、樹液が幹の中を通って枝葉に送られている働きは見えない。人間の成長もまた命の源も顕微鏡で映し出されるものではありません。形のある肉体を支えるものは無形の真理です。心が真理という道を歩んでこそ健康と成長につながります。何事も目的に向かうにはルールに沿うことが大切です。それを外すためレールから脱線したり衝突したりする。人生においても行き詰まったり方向を見失ったりするのは神が引かれた真理から逸脱しているためといえます。細胞が精緻なリズムと公式によって新陳代謝し生命が躍動している。その細胞の働きも心が根源になっている。体をつくる幹枝葉がしゃんとなるには心根が大地にしっかり密着し養分を吸い上げねばならない。その大地となる母体がこの世と人間を創造された親なる親神様で、生命源は大地に宿ります。子供は親の息、思いで育つように有形の食物で体が成長し、無形の親心で育まれている。立派に育てよとは両面を言っているのであって、いつまでも玩具で遊んでいては不憫さに心が痛むし、同様にどんなに学識経済力に富み社会的に成功したかにみえても、親神のご理想の心から離れて我がことのみを享受していると親として不憫です。ゆえに神様の筋道に心が沿っている人は自ずと道が開かれて正しい答えが用意されているものです。ご神言に「この世は、理でせめたる世界なり」と説かれて心の使い方も理に沿わぬ行き方からは真なる幸せに結びつかないと仰せられます。

芸の達人といわれる人は研ぎ澄まされた心技体が一つになって表現し、心が真理に沿っているといえる。人の道でも大切なのは心の成人。正しく求めるものには限りない信頼で答えてくれる。人工衛星が送ってくる情報は無形の真理の応酬です。神の人間創造の目的に沿った陽気ぐらしの生き方こそ真理（誠の道）と心に治めさせていただきたいものです。

「陽気ぐらし」いきいき生きるために　No.13

平成九年一月十日

道を間違えればゴールに到達しない。計算が間違えば正解は出ない。着物を裁つにも尺がないと縫い合わせがうまくいきません。

人間の体は神様から設計されて作られている。だから病まず死なずでいけば百十五歳まで生きられるようになっています。そのためにも創造主の意図に従って体を使わせていただくのが丈夫で長持ちの秘訣だといえます。車もルールを無視し荒い扱いをしたりすれば事故や故障で高い修理代を払わされたり途中で使えなくなったりします。

ご神言に「身のうちかりものかしもの　心だけがわがの理」（明治三十三年六月一日）と仰せられた。自分のものと思えるこの体は神様から貸し与えられ心だけが自分自身であると仰せられました。人間とは何ぞや？これは永遠の課題であり、宗教や学者が哲学で取り組んできたが悟りや、ああ聞いた、こう教えを受けたとか、あるいは生命科学から生命の起源を追求し、人体を構成している六十兆個の細胞のメカニズムに迫っても近づけない神秘的存在が人間であります。それゆえに健康と病気の元は精神からという見方がなされるようになりました。

おふでさきに「なにゝてもやまいいたみハさらになし　神のせきこみてびきなるそや」（二-七）と、この世に病気というのはなく、ただ知らず知らずにほこりを積み心を濁らせるところから、頑是ない子供の手を引いて陽気ぐらしの世界へと導く親心であると仰せられるのであります。病気を治すのではなく病気に込められる親心を読み、自らの心を立て直す、これが真なる考え方です。これをご神言で「づつない事はふしふしから芽をふく」（明治二十七年三月六日）と試練の中に希望を明示しておられます。日々に神恩やじんおんに報謝する誠の言行こそ健康を生み出す素地であると信じたいものです。

「陽気ぐらし」いきいき生きるために　No.14

平成九年二月十日

手元が定まれば放たれた矢は的を射る。名手はそこをおろそかにしない。いかに思い念じても思い通りにならないことをアテが外れたといいます。結構になりたい、成功したい、成就させたい、人生はそうした思いのあくなき追求かもしれない。しかし確率は厳しく悲喜こもごもであります。もし目標を確実にするものがあるとすれば心のおきどころが理にかなっていることだといえます。心は有形の肉体を機能させ健康をつくり半面、病をも引き出しています。だとすると肉体の健康も運命の健康も心が基であるとして幸福に向かう標準をしっかり定めねばなりません。

世の中は原因と結果で成立しています。大根が欲しいと思ったら大根の種を蒔かねばなりません。そこには無形の法則が確立しています。幸せを生み出す種があるとすれば天意法則に沿った誠の心といえます。

心とは元来汲みたての水のような澄み切ったものですが、育つ環境や天性の気性や癖、我欲に影響されて知らず知らずのうちにほこりを積もらせて、飲むことも映すこともできない泥水にしてしまい、明るいはずの世の中で闇路をさまよう結果となっています。

教祖（おやさま）は「心すみきれごくらくや」「思い通りに助けるのやない心通りに助ける」と仰せられますように心にふさわしい環境や幸せを与えられているのが我々人生公式であります。

目の前にビッグチャンスがあっても、手元の心に狂いがあれば射止めることはできません。常に自然の理を見つめて心を定め、日々歩ませていただきたいものです。

「陽気ぐらし」　いきいき生きるために

No.15　　平成九年三月十日

元気と病気、晴れと雨、幸と不幸、楽と苦。誰でも負の部分は嫌なものです。できればよけて通りたいものです。だが病院のベッドは病人でいっぱい。人間はどうして病気になるのだろうか。人体は約六十兆個の細胞でできているが、絶えず古い細胞が死に、新しい細胞が再生している。体内の構造や働きはテレビ映像で垣間見ることができるようになりました。医学もどんどん進歩して病魔を撃退しています。それでも病気の方が先行していることは否めない事実です。メカニズムを知ることは病原を探求するうえで最も大切なことです。しかし生きていることの根源はまだ解明されていません。宇宙や地球の起源に由来する生命誕生の確かな創造の意思を信じなければそれは永遠の謎といえるからです。

おふでさきに「いまゝでハがくもんなぞというたとて　みえてない事さらにしろまい」（四‐八十八）「そのはづやどろうみなかのみちすがら　しりたりものハないはづの事」（三‐七十）と仰せられて、創造主の意思から始まった十億年の命の伝承によって私たちの体が営まれています。

宇宙には流れがあり滞ることのない動きがある。そして地球上では地熱で野菜穀物が育ち、湯脈水脈がとうとうと流れエネルギー資源を担っている。これはまさしく人体の水分の働きと静脈動脈の血液そのものと同等といえる。ＮＨＫテレビで科学者が「人体は小宇宙」と語った。受精から誕生までの十カ月間は十億年の進化の歴史の再現ともいわれる。

ご神言に「身のうちかりものかしもの　心だけがわがの理」（明治三十三年六月一日）と、人間の本質をはっきり説かれています。そして病のもとは心からとも教えられました。健康を神の大いなる守りと感謝し、病気になってその心の修復をはかる。これが親なる神の創造の思召しの「陽気ぐらしの生き方」であると考えてみたいと思います。

「陽気ぐらし」いきいき生きるために

No.16　平成九年四月六日

一日生涯という言葉があります。

生涯も一日も同じという意味です。朝この世に生まれ、夜は明日への出直しです。朝気持ちよく目覚めて大きくバンザイをする。日中汗して働く。快い疲労感が深い眠りを誘う。眠っている間に体の悪くなったところを神様がちゃんと治してくださる。作物も樹木も月の滴といわれる夜露で育っており、等しく生命共通の恩恵に浴していることになります。

セミは十年間さなぎの状態で暗い地中に生息し、真夏の太陽のもとに出てきてあらん限りの声で賛歌し、わずか一週間でこの世を去っていく。それも生涯に変わりはないし、きっと自分の人生が短かったと嘆いてはいないだろうと思う。なぜなら次の子孫が大地に宿っているからです。生命の長さはそれぞれの成長年数の五倍といわれます。

おふでさきに「このたすけ百十五才ぢよみよと　さだめつけたい神の一ぢよ」（三 - 百）とお示しされておられます。そういえば人は大体二十二、三歳で成長点に達するのでその五倍とすればおよそ百十五歳になります。しかしまた「三才も生涯」と言われた。一日の長さは隔てなく平等であり今日という時間は、十億年前に親神に創造され受け継がれてきた生命伝承の過程でもあるからです。

教祖（おやさま）は「この世には働きにきたのや、働くとははたを楽させることやで」と仰せられて、稼ぐ儲けるを目的とせず、自らの行動が他への幸せに波紋として広がる真なる生き方を明示されています。

人も動物もみなこの世の一役を担って生まれてきた。与えられた生命、限られた時間を精いっぱいにいきる。それが一日生涯の心です。

「陽気ぐらし」いきいき生きるために

No.17　平成九年五月十日

いろいろな人生の中で決断を迫られることがあります。右にするか左にするか進退きわまる時もあります。

諺に「小事は左右可なり」とあります。小さいことは右においても左においても大して変わりはない、という意味です。しかし他人にとっては大した問題ではないことが本人にとっては悩んで病み倒れることだってあります。なんとか考え方のメドを持ちたいものですが、なぜ迷うのかと言えばあとで後悔したり失敗したりしたくないからだと思います。その心がなくなれば案外自由に選択ができると思います。

ご神言に「おれが〳〵というはうす紙はってあるようなもの先はみえてみえん」（明治二十四年五月十日）とあります。いかに自らの力を頼ってみても、天の理が働いているからこそ。見える聞こえる手足が動くのは自分の力ではない。自分が自由に使えるのは心だけ。

神様は「この世は思い通りになるものやない心通りの守護」と仰せられています。その人の心にふさわしい環境が展開されているものです。幸せの源は徳という器です。一合マスには一合しか入らない。一升入れるにはその大きさの器を作らねばなりません。とくをつくるために一番の早道は損をすること。我が身のことは後にし、人のことを先にして心の行動半径を広くする。常にそんな気持ちでいられる人が徳者だといえます。徳いっぱいに神様が与えてくださると思えば、たとえ自分が出した結論でも「なってくるのは天の理」と納得できるのです。

そういった日々にふと浮かぶ心からは良きように成ってくるものです。

「陽気ぐらし」いきいき生きるために　No.18

平成九年六月十日

物にはそれぞれ本来の姿があります。

ボールは跳ねることとナイフは切れることに存在価値があり、空気が抜けたりさび付いたりしたら本来の姿を失います。

動物も花や蝶も、鳥や魚も自然に沿って本来の生き方に徹している。だから自然に守られています。

人間も自然に沿い季節に合わせ衣を替え旬の恵みをいただいております。ただ他の種と違うのは考える力をもって文明社会を築き、何不自由なく暮らしているところです。しかし一面では思想の違いや民族間の権利獲得や主張を通していまだ戦争や内乱、あるいは人との争いが絶えません。

おふでさきに「せかいぢういちれつわみなきよたいや　たにんとゆうわさらにないぞや」（十三‐四十三）「せかいにハこのしんぢつをしらんから　みなどこまでもいつむはかりで」（十四‐二十六）と仰せられています。人間は一つ親から生まれてきた兄弟であるという真実が分からないから、いがみ合い争いで苦しんでいます。

現在地球上には約一千万種に及ぶ生物が生息していますがその元は約十億年前に一つの生命体から始まっています。そして魚介類から虫鳥畜類の生まれ変わり進化の歴史を経ながら今日のヒトへと成長しました。全宇宙の意思によって誕生した地球、そして天地を親として生まれた私たち人間です。兄弟が兄弟らしく序列を重んじ互いに助け合う姿こそ親のこの上ない喜びです。与えられた生命を自然の理に合わせ、創造の目的である陽気ぐらしに生きる、それが人間本来の真の生き方ではないでしょうか。

「陽気ぐらし」　いきいき生きるために　No.19　平成九年七月十日

一言の命。言葉は心を表現し行動を引き出します。人間は知恵を与えられて言葉を生み出しました。それはちょうど赤ちゃんが少しずつ少しずつものを覚えていく過程に類似していると思われます。言葉が現代の文明文化を築くために果たした役割は大だと思います。そして家庭にあっても心の交流のつなぎが言葉であることは言うまでもありません。しかし便利な言葉でも思わぬ失言で誤解を招き取り返しのつかないことにもなります。

心理学者で哲学者のウイリアム・ジェイムズは「心が変われば行動が変わる、行動が変われば習慣が変わる。習慣が変われば人格が変わる人格が変われば運命が変わる」と言っております。

幸福の第一条件は心にありとは万人に共通の答えでありながら、自らの言葉は山彦のように返ってきて一喜一憂しています。

教祖（おやさま）は「突く息引く息加減一つで内々が治まる」と仰せられました。ハーと吐けば温かい息、フーと吹けば冷たい風になります。人は温かい息で育ちますが親風を吹かしては心を閉じさせてしまいます。

また言葉はさまざまな様相を持っています。丸みを帯びたとか色よい返事とかカドのある言葉、とげのある言い方などと表現され、それが相手の感情に影響を与えるので、一言に命の大切さを感じます。

また「口は誠の出入り場所」と仰せられました。食べるものはみなそれで体の健康をつくっています。さらに「声は肥えやで」と示され、声で人の心が養われるものです。常に温かい潤いのある言葉はそのまま自らの心の土壌づくりになり、いつも豊作の喜びを見させていただけるのではないでしょうか。

「陽気ぐらし」いきいき生きるために　No.20

平成九年八月十日

「使わないものは退化する」私がこの言葉を耳にしたのは、急性中耳炎が悪化して九大病院で手術の宣告を受けていたときです。膿が骨にまで達し腐りかけているので一刻を争うというのであった。幸運にもいかなる病気も心一つで助かる親神の真実に触れる体験をさせていただくことができた。それはある先生の言葉からです。

「使わないものは退化する。大昔人間は猿のように木に登り牙を使って肉を裂き、四つん這いで生きてきた。しかし神様から知恵を授けられ人間は猿から分化し生き方が変わった。火を使い肉を軟らかくした。そのため牙は退化し地上に降り立って歩くようになり、前足は手として独立し短くなった。不必要になった尾は痕跡を残すだけとなり、衣服を着るようになって体毛は薄くなった。それがただ単に進化に向かうためでなく実に都合よく設計し作られているのは人間が陽気ぐらしできるようにとの神の深い配慮からだ。そのために目鼻耳口両手両足そして男女一の道具の九つの道具を与えられている。しかし使い道を誤ると故障し動かなくなる。例えば耳は美しい音楽や鳥の鳴き声を楽しみ、人の言葉に耳を傾ける。半面、聞いて反発したり意地を張ったりして腹を立て心を濁らせるのは使い方を誤っている。耳が二つあるのはなるほどと聞き分けるためである。聞き分けのよい子を賢い、素直という。それは親の心が分かるからで、我を通そうと駄々をこねる子はビンタか押し入れ行きとなる。人生は山を目指す如しでハイハイと低い姿勢こそ頂上に達する構えだ。イヤイヤとそっくり返っているとふもとに転げ落ちてしまうではないか」そして「病は神の手引きであり道教せ」とお諭しになりました。病を通して心の修復をはかる。お陰でささやかな心の立て替えで、メスを入れられることなく神様の働きに浴しました。

今なお忘れがたい教訓となっています。

「陽気ぐらし」いきいき生きるために　No.21

平成九年九月十日

心遣いはそのまま自分の運命を築いていくといわれる。何気なく使う言葉は心の現れであるし、それが行動にもなってきます。ごく当たり前の事柄はささいかもしれませんがそれが種となれば日々の通り方がいかに大切か考えさせられます。

世の中には努力を人一倍やっているにもかかわらず報いられることなく嘆いている人がいれば、案外労せずして人や物に恵まれて幸せに見える人がいます。神様は自然の恵みを公平に与えておられるのに自然に逆らって不作をかこっていることに気づかせていただく。

言葉は葉の部分であり心は根であるので、根にふさわしい葉が現れるのは当然だとも言えます。それだけに性根のあり方が運命の源といわれます。

教祖（おやさま）は「心通りの守護」と仰せられています。心は種、口論した事実、人を助けた、黙して語らずはみな種として姿を隠し地中に宿ります。そして心通り種通りの芽が出て良くも悪しくも自ら刈り取らねばなりません。

ここ一番というときに思わぬ援軍がやってきて成功する人、半面人が喜ぶときに喜べない人、さまざまですが、そこに自らの過去の通り方が答えとして出てくるのが運命です。

如実に表れるのが子供との関係です。育て上げた我が子から幸せあるいは不幸をされるのは、親姑夫婦の関係が自然であったか不自然だったかを省みて心の立て替えをはかり、神の創造思惑である「陽気ぐらし」へ軌道修正して、善き運命への転換をさせていただきたいものです。

「陽気ぐらし」　いきいき生きるために　No.22　平成九年十月十日

昔、一休さんに和尚さんが「世の中で一番大切であり大切でないものは何か」と問うた禅問答に、いっとき瞑想した一休さんはにっこり笑みを浮かべて「それは説教です。必要とする者にはとっては万金に値しますが、必要としない者にとってはこれほど耳障りなものはありません」と明快に答えた、という説話があります。

我々の人生にも当てはまる名言だと思います。同じ話をしても受け取り方は千差万別で、それを肥やしにする人もいれば、関係ないと跳ね返す人もいます。

世の中では宗祖あるいは哲学者の名言が真理をついて光を放っていますがそれを自分のものとして受け入れて初めてその値打ちが輝きます。この世の中は真理で組み立てられています。

そのことをおふでさきには「このよふハりいでせめたるせかいなり　なにかよろづを歌のりでせめ」（一－二十一）との真実を明かされました。種が芽を切り花を咲かせその中に種を宿すのも、命の根差す天地の営みもみな一分の狂いもない天理の働きであり、そして人として生きる目安や真髄を教えてくださっています。

ある雨の日、教祖は二人の高弟に「あの雨水を汲んでくるように」と仰せられました。二人は近くにあったお茶碗やたらいを降りしきる庭前に置きました。茶碗はほどなく一杯になり、そのうちにたらいも満たされ、それぞれ御前に差し出しました。それをご覧になった教祖（おやさま）は「与える天の理は同じなれども受ける心に理がかわるのや」と仰せられ、天は平等に雨の恵みを降ろされているけれどそれを受けるのは器次第だとお示しくだされ「結構な人生を通るのも不幸をかこつのもみな心の器次第やで」と懇ろにお話しくだされたということです。

「陽気ぐらし」いきいき生きるために　No.23

平成九年十一月十日

明るいという字は月と日でできています。明るく生きるには太陽と月の心で通るということだと思います。万物は太陽の熱と夜露で成長しておりますように、人間には欠かすことのできない要素です。いわゆる火と水の調和によって育つ心を明るいという字に内在しているように思います。

教祖（おやさま）は、最初人間の親である親神様のことを「神」と説かれて誰でもなじみやすい言葉で表現されましたが、神の概念は人それぞれですし、世界の民族的神の観念は動かしがたいものです。ですから教えの推移を経て「神の姿は月日やで」とお教えいただき、日は母親のもつ温みと、父親の理で表象される水としての陰陽両面の親たるゆえんを姿働きになぞらえて理解を求められた。その心は創造の元一日から永遠に尽きることのない自然の営み、体内で温み水気を元としてお働きくださる限りない親心そのものです。

おふでさきに「月日よりないにんけんやないせかい　はじめかけたるをやであるぞや」（十六‐五十三）「月日にハせかいぢうゝハみなわが子　たすけたいとの心ばかりで」（八‐四）と人間との関係をはっきりお示しいただいたばかりでなく、それではどう生きることが幸せな通り方であるのかと明かされたのが「天理」の啓くところです。

日常茶飯事のなかでときには喜べぬこと、辛いこと、あるいは窮地に追い込まれたときに、どう考えたらいいのか選択したらいいのかと暗い気持ちになります。闇を破るのは光です。月日の心とは今の境遇、おかれた立場のなかから深い親心、慈悲を悟らせていただく考え方です。そこから神と共にある至福意識を体感した明るい人生が展開されていくものとお教えいただいています。

「陽気ぐらし」いきいき生きるために　No.24　平成九年十二月十日

この世の中で宝は三つあるように思います。一つには人が宝、次に子が宝、そして健康が宝であるといえます。他に金や地位や名誉などが幸せの条件のように思いがちですが、それよりも人、子、健康の三つが真の宝だと思います。

お金があるため争いを起こしたり地位を得て傲慢になったりで真の自分を見失い人生を誤って歩を進めている人がいます。

ご神言に「人間を造ったのは陽気ぐらしを見たいゆえから」とあります。設計施工されたものには造り主の意思が込められているのが当然であるように、人間の本質的な生き方の幸せを構成しているのは、三つの宝の値打ちを認識すること、目覚めることだと思います。童話「青い鳥」のチルチルミチルが探し求めていた幸せは彼岸のかなたにではなく我が家の軒先にあったというのは有名な話です。

宝は磨けば磨くほど光沢を増して自らもそれを見て喜びが倍増するものです。人の一生で直接自分に関わる人は二百人ぐらいと言われています。そのなかで好き嫌いが交錯し、選別しながら生きています。自分に得する人が益であると思いがちですが、教祖（おやさま）は「すたるものが正味やで」と仰せられ、自分で嫌な人やかたきを恩人と拝んで通れ、と教えられました。秋の稲は火攻め、水攻めで豊作の喜びがあります。自分に厳しい相手こそ宝を磨いてくれる恩人と思いたいものです。

出来の良し悪しで子供を評価する親がいますが、焦げて失敗した目玉焼きは卵のせいではないように、その失敗を教えてくれた子供こそ本当の親孝行といえます。そして健康こそ幸せの第一と考えていながら、それが当たり前という思いから、その値打ちを支えている命の親の働きを見失いがちになります。ごく身近なところに宝の真価があるということを考えてみたいと思っています。

「陽気ぐらし」いきいき生きるために　No.25　平成十年一月十日

阪神淡路大地震が日本全国に衝撃を与えた。何か目に見えぬ大きな意思が働いているような不気味な戦慄を感じると同時に、人間のつくった造形物がいかにもろいものであるか、まざまざと見せつけられた。

地球はいまのところ宇宙でただ一つ水を含み生命を宿す天体であり、自転しながらはるか一億五千万キロかなたの太陽の周りを公転している。さらに月の引力は海の干満を引き起こし、魚介類を生息させている。まさに天地一体となって生命を生み出し生きる条件を整えてくれたと言うしかない。この世が天然自然（天）の法則（理）の働きによって運営されていることは周知のことです。おふでさきに「このよふのぢいと天とハぢつのをや　それよりでけたにんけんである」（十‐五十四）と仰せられています。天は水、地は温みの働きで万物を育てている。生あるものはそれなりの手順が施されて誕生している。男と女、オスメス、おしべとめしべ、全て有性生殖の働きによってこの世に存在している。

万有引力を発見した科学者ニュートンは友人とこんな会話を交わした。「宇宙は神の意思で造られたのだ」と言うと。友人は「そんなことはない自然にできたんだ」と反論。数日後にニュートンの家の天井から太陽、地球ほかの惑星、彗星と配列よくつるしてある模型を見た友人は「これは君がつくったのか」「いや自然にできたんだよ」と答えた。「そんなばかな自然にできるわけがない」「そうだろう。こんな動かない模型ですら造り主の意思がある。まして地球やそれを維持する宇宙の働きは、神以外の何ものにもできるわけがない」と答えたという。神があるなら、あくなき人間同士、社会での抗争、自然破壊を何と思っておられるだろう。世界が一つ親の元に一列兄弟の心でつながり合う陽気ぐらしの世へといざなわれる切ない親心と受け止めさせていただきたいと思っています。

「陽気ぐらし」　いきいき生きるために

No.26　平成十年二月十日

花は見るものではなく看るものである、と言った人がいる。こよなく花の息吹を伺い愛する気持ちが伝わってきます。さらに加えるとしたら観るものと言えます。旬を見て交配させたり移植したり剪定したりする専門家の見方です。

新築の家に招待される。立派なたたずまいを誇るのは床柱で、家の中心的役割を果たしているように思えます。しかしその値打ちを陰から支えているのは見えない土台ですが誰も褒めてくれません。また裏に回って台所を見るとそこにはごみや汚れものが目にとまる。一つの物あるいは人を見るときにも角度や視点を変えると別の姿が映しだされるものだと感じさせていただきます。さらには組み合わされる相手によって自分の位置が定かになるのではないしょうか。三菱工業の創設者岩崎弥太郎はあるインタビューにこう答えた「私が偉人と言われるけれどそうではない。それは私を支えてきた女房だ。なぜなら女房は結婚してこれまで一度として私に怒った顔を見せたことがないからです」と語っています。

そのものの長所がよく見える人は徳者だと思います。そして相手を徳化しています。欠点ばかりが目につく人はどうやら相手の後ろに回ってごみを拾い集めているように見えます。

ご神言に「腹のたてるのは、心すみきりたいはいわん、心すみきりたらば、人が何事いうても腹がたゝぬ　それがすんだんや」（明治二十年三月二十二日）と仰せられそのために「低い心になりなされや、癖性分とりなされや、人たすけなされや」とその心のあり方をお示しくださいました。

心を澄まし、視点や見方を変えてみてそこに新鮮に映る姿を実感させていただきたいものです。

「陽気ぐらし」いきいき生きるため　No.27　平成十年二月十日

幸せになるということは自分の思いがかなえられることばかりでなく、幸せにふさわしい資格をつくることだと思います。ちなみに木も花も野菜でも旬を見て肥を置き、土壌に開花結実の条件を整えるようなものです。ところが人間は地図なき旅人でありレールを走るようなわけにはいかず、様々な問題が提起され答えを生み出していかねばなりません。

しかしこの世は不変な自然の摂理を基本に組み立てられているように、自然界の動植物は逆らうことなく順応し、そして自然に守られて繁栄しています。自然に沿うものは自然に栄え、逆らうものは不自然に終わるのが歴史の語るところです。

ナスの種を蒔いていながらいくらキュウリ生えよと願っても答えはナスであるように、目的と結果は理の示すところです。弓に矢をつがえ思い千万あるとしても、弦を引くという理をつくらねば飛ぶ結果を得られないのと同様です。巨城を支える石垣の石は陰からの土と水の見えない力で支えられているように幸せの設計を陰から支えるのが誠の心です。

目的は努力で勝ち得られるかもしれませんが、結果が幸せに結びつくとは限りません。動物では同種同族で食い合うことはしないのに、人間は利権主張を通すために争いは堪えません。人間が万物の霊長として神の子であるのは、人を助ける、ご恩を返す「誠の心」があるからです。家庭でもまた広い世界であってもあまねく自然の働きの親のふところ住まいの私たち人間です。神の元には平等であり、兄弟であります。それゆえに親神の創造の思召しである「陽気ぐらし」の基本、誠の心を日々積み重ねて幸せづくりをさせていただきたいと思っています。

「陽気ぐらし」いきいき生きるために　No.28　平成十年四月六日

世の中を構成する一つの法則に順序立てというのがあります。家を建てるにも土台から始めて次に柱、梁、そして棟を上げ瓦をふく。物事が出来上がるために、完成させるためには順序と系統立てが大切だと考えられます。この手順を間違ったり省いたりすると完結しないばかりか世の狂いとなってきます。

ご神言に「順序一つが天の理」とあります。「順序を間違えずにすれば天の（理）働きがあるよ」という意味です。ものには本来の姿や特性が備わっており、すべてその存在価値をあらしめるのは、順序というものが必然的に働いているということです。リンゴはあくまでリンゴで、他を寄せつけない絶対的存在をもっており、開花結実の狂いのない順序を経ています。これが自然の治まりです。

旧世代では年功序列が家庭や社会の秩序を保つための生き方だったように思いますが、戦後、平等主義、個人主義、言論の自由がマスメディアを通じて一般化、常識化されて今は上も下もない実力本位の社会に一変したように思います。その急変にあおられてか今や家庭構造が崩壊し、共同生活的夫婦、親子の断絶、そして混迷の世相を呈しています。それは親、夫、妻、子供という神様から与えられた立場と特性を曲解した順序の狂いから現れた結果だと思います。

教祖（おやさま）は「人から阿呆やと言われるような男でも、家に帰ってあなたお帰りなさいと丁寧に扱えば世間の人も（中略）あら偉いのやなあ、と言うやろう。亭主の偉くなるのも阿呆になるのも女房の口一つやで」と仰せられました。夫婦和合で得られる理は同じだと教えられます。父は天の心、母は地の心を表象して神に創造された人間です。順序一つの幸せを再考させていただきたいものです。

「陽気ぐらし」いきいき生きるために　No.29　平成十年五月十日

自然には流れがあります。そして大きな呼吸をしています。人間の体内にも血液が流れています。その原動力は意識することなく安らかに働いている呼吸のお陰です。

遠く旅するときでも長い人生を歩む場合でも大切な空気を持っていく必要がないのは、樹木や海洋から新鮮な酸素を大量に放出してくれているからです。そして太陽と地熱によって水蒸気は雨となり、生命に潤いを与えてくれている。私たちは何という大きな親心に抱かれて生きているのでしょうか。

ご神言に「この世は神の身体や、人間は神の懐住まい」と仰せられます。しかし我々はそのことに気づかないどころか、当たり前が先立ち、神意を損ない自然の流れに逆らって枯渇の道を選んでいるようです。

私たちは長い命を伝承する流れの過程として生を受けます。両親や兄弟、自らを取り巻く環境は、好むと好まざるとにかかわらず、宿命として与えられています。その要因は遡れば精子と卵子の出会いの元一日からですが、それよりも神秘な魂を有形にされたこの世と人間を創造された親神様のお働きと思惑があればこそです。

こうして親子の縁が組み合わされて人生が展開されていきます。

ご神言に「この世は親が子となり子が親となり、恩の報じ合い」と仰せられます。親は育つ過程で子としての道があるゆえに子に限りない愛情を注ぎますが、子供側からすると成長に至るまで受けた恩は、たとえ親に対してでも返さねば天借ができて前途の妨げになります。川の流れは摂理に従って大海に臨みますが、堰を止めれば行き詰まりの人生になるのもしかりだといえます。ときとして神の大恩、人の恩を省みて「果たしてどれほどお返ししているのだろうか」と心の決算をしてみてはいかがでしょうか。

「陽気ぐらし」いきいき生きるために　No.30　平成十年六月十日

中国の諺に「馬を川に連れていくことはたやすいことだが、水を飲ますのは難しい」とあります。水を飲む気のない馬に無理やり飲め飲めと手綱を引いて川面に口を持っていっても意をくんでくれません。いくら形を整えてもその気がなければ物事は成就しないということのようです。

王監督の現役時代、どうしても打てないスランプに陥ったことがありました。そのとき王選手は一番初歩の姿勢に戻り、素振りから始めてそのなかからひらめくものを悟り、見事世界のホームラン王の威名を勝ち得たというのは有名な話です。そして「信念をもってやれば思わぬ力が生まれ不可能と思えることができてくる」と言っておられます。「努力は自らを裏切らない」という一文の深さが身にしみます。

オリンピックスケーターの黒岩選手の「私が欲しいのは金や銀のメダルではなくその過程にいかに苦しんだかということです」と言った言葉が忘れられません。私たちは与えられた環境の中で日夜何かを目的にして生きています。しかし結果が案に相違して苦慮したりします。

教祖（おやさま）は「この世は思い通りになるのやない心通りの守護、心通りとは種通りや」と仰せられました。心とは人間の本質であり、環境の中で変化しまた資質が高められていくものです。親神様は陽気ぐらしを思召されてこの世と人間をお造りくだされ「人間はこの世に働きにきたのや、働くとははたを楽させることや」と、幸せは尽くす誠の心の中から生まれるとお示しくださいました。ときとして目的に固執して足元を疎かにする、またせっかくの運気や発展のチャンスを見逃すことがあります。その失意のなかに神意を探り基本姿勢を正す。その反省こそ「節から芽が出る」喜びの道を開くものと信じます。

「陽気ぐらし」いきいき生きるために

No.31　平成十年七月十日

南極ペンギンの群れの仲間との共存や親子仲睦まじさをテレビが放映しほほえましく感じさせてくれます。親は海中に飛び込みエサをとってきて我が子に与えます。あれだけの群衆のなかでよく我が子を見つけ出せるなあと不思議に思いますがそれが神の教えた摂理とでもいいましょうか、うまくいっているから素晴らしいと思います。その仕組みは母親が卵の中の雛にくちばしでコツコツ突つきながら声をかけて覚えさせたからだといわれます。人間の胎児も六カ月目から聴覚機能が働き始めるのでそのころの母親からの言葉は脳の組織に伝わり誕生後の成長に影響を及ぼすので、親の声は命にかかわるものだといえます。分かるはずもないと思われる赤ちゃんに言葉を語りかけ、子守歌で安らぎを与えます。

教祖（おやさま）は「声は肥えやで」と仰せられ、子供の育つ土壌は豊かな肥えにほかなりません。人の親の共通の願いは、素直にまっすぐ伸びる大木のように育ち、親の心をくみ取れる優しさを持つということではないかと思います。しかし育つ過程では心の内からまた環境から矛盾や反発に苦慮することもありますがそれが節です。「節から芽が出る」と仰せられるようにそのときこそ根に十分な肥えを施さねばなりません。肥えが枯れるとどんなに伸びようとしても力尽きて折れてしまいます。大木ほど無数の節から芽を出し枝を伸ばし、たわわに果実を抱えています。

人間が猿から分化し文明文化を築いたのは親なる神に与えられた知恵と言語のお陰です。しかし人生途上で事情や病苦に悩まされることがあります。おふでさきに「せかいぢうとこがあしきやいたみしょ　神のみちおせてびきしらすに」（二－二十二）と示されますように耳を澄まして天の声（肥え）を聞く。そこに自ずと反省と感謝が生まれ、至福意識に満たされた日々が開かれると信じます。

「陽気ぐらし」いきいき生きるために　No.32　平成十年八月十日

目的と結果は合致しないことがよくあります。秋の収穫はこれだけと計算していても台風や洪水で半減してしまうのもしばしばで、自然の猛威には勝てないことを知らされます。人生についても言えます。案とは裏腹になり悔しい思いをし、不幸・不運を嘆きたくなる。

この世の中はあまねく神の恵みが公平に与えられ万物が育っているが、そこには悠久不変の法則があり暑さ寒さに合わせ好き嫌いなしにそれに従っていかなければならないようになっている。五穀の恵みをもたらす元は自然に沿い旬を外さないからで、五体の健康は心臓を中心にすべての臓器や神経系統が統合と調和を図っているから、さらに人体を構成する六十兆個の細胞の神秘な働きがあってこそでこれが原因から出てくる結果の公式だ。

教祖（おやさま）はある日「伊蔵さん、柱を作ってください」と頼まれました。誰からも正直者と称えられていた大工の飯降伊蔵は、早速山から木を伐り枝を払い柱に仕立てて教祖の前に差し出しました。すると教祖は「柱に定規を当ててくだされや。隙がありませんか」と仰せられたので定規を当ててみると所々に隙間があるので、そう申し上げると「その通りや世界の人が皆真っすぐやと思うていることでも天の定規をあてたら皆狂いがありますのやで」そして「天に通じるのは誠だけやで」と仰せられたそうです。

旅をするにも地図を広げて磁石や定規を用い、誤りのない方向を定めます。繰り広げる方程式は途中の計算が公式を踏み外していないかが結果の正論とされるように、日々の努力が天の定規に沿っているかどうかを反省の材料として自らの人生をつくりあげていきたいものです。

「陽気ぐらし」　いきいき生きるために　N0.33

平成十年九月十日

「満足の心の理、やさしきものは日々満足、まんぞくは小さいものでも世上大きい理になる。満足ひろく通り、不足はあちらちじめる、こちらせばむ。よろこぶ理は天の理にかなう、かなうからさかん」（明治三十三年七月十四日）とあります。

喜び満足の心を生み出すのはやさしき心であると仰せいただいています。かぐらの手振りで、やさしさを表すのは眼前で丸く円を描き、反対にむごい心は両手で押さえる動作で表しているように、やさしさとは丸くおおらかに人を包み込む寛大な心のようです。

教祖の啓示以前の中山家は由緒ある家柄で下男下女をおく大地主でしたが、その立場に甘んじることなく小作人とともに農事一切に汗していました。

慈悲心も篤く、夫によく尽くし姑にもまめに仕えて「中山さんのご新造さんはどこか違う」と言われ世の師表と仰がれていました。そんななか、夫の寵愛に乗じて女衆かのが教祖に毒を盛るにいたる。かのの仕業と知って周りの者が番所に突き出すのを遮って、苦しい息の下から「神や仏が私のお腹の中をお掃除くださったのです。かのを責めないでほしい」となだめ許された。それは「妻として尽くしているつもりでも届かぬところがあったであろう。それをかのが足してくれているのや」という自らを責める心からであった。教祖の恩情に触れてかのは悔い改めて去っていった。史実のなかに、やさしさとは我を踏み越えて煩悩に煩わされることのない神意識の境地であろうと伺われます。

教祖（おやさま）のお言葉に「やさしい心おさめ、なにほど心あれどもたのむ心あればあらい言葉も使うまい」とあります。家庭の中、また対人関係にあってのさまざまな事柄をやさしい心で受け止めて満足の日々を過ごさせていただきたいと思います。

「陽気ぐらし」いきいき生きるために　No.34

平成十年十月十日

陽気の反対は陰気。プラスの反対はマイナス。健康と病気、得と損というように物事は相反するものが背中合わせになっています。誰もが苦を逃れ楽を求めたいのは論を待つまでもありませんが、自然の仕組みは陰陽互助関係で結ばれているのも見逃せない事実です。

白い大根についた黒い土はジャリジャリして食べられません。さながら邪魔者扱いされ、水できれいに洗い落とされます。しかしその大根を育てたのは臭い肥をしっかり含んだ土壌であることを忘れがちです。お百姓にすれば肥や土は生計の糧であり、私たち食べる側からすれば大根に百の値打ちを感じています。いかに自分を中心に物事を評価しているかが分かります。ときとして私見のこだわりが苦を刻んでいることも否めません。

以前、胃潰瘍で手術を迫られ何とか逃れる道はないかと悩んでいる人をお地場（天理）にお連れした。天理ではこう諭された「健康というのは肉体の健康と運命の健康がある。肉体の健康というのは好き嫌いせずに何でも食べること、嫌って食べない分だけ身につかない。運命の健康は人の好き嫌いをせぬことだ。嫌って選り好みすれば住む世界が狭くなる。人に恵まれ何でも食べこなしてこそ健康の資格を得たことになる」と。この世にあるものはすべて創造主がつくられたものばかり。それをあれは嫌いこれは駄目と身勝手に悪いものにして結果を生み出したのは自分の心であった、と気づかれた。当然のことに健康を取り戻せたのも神の意思と言えましょう。不都合と思えることや、相手の欠点は、その人の長所を引き出す裏面の力だと幅広く見るようにすれば、きっと陽気ぐらしの日々になるのではないでしょうか。

「陽気ぐらし」いきいき生きるために

No.35　平成十年十一月十日

相手に分かってもらいたい理解してもらいたい、認めてほしいという気持ちは誰しも思うことですが、その通り受け入れてもらえれば争いもなく苦しみも生じないと思います。

その関わり合いが夫婦親子兄弟ほど混濁のさまを呈しているようです。幼少のころは親と一人ひとりが直結していたのに、成長するにつれ考え方や人生観に違いを生じ、個々の人生設計を立てて独立していきます。そして成人してやがて別の形で再編されるだけに難しくなるのですが、そこに協調と共和を求めて一つにならねば繁栄の道はないと思います。

自分の存在をあらしめるのは、両親、祖父母というように十代も遡れば、約千人もの親からきています。生命あるものには、個体発生を繰り返す公式により現在の一千万種に及ぶ動植物が進化しながら命の伝承が営々と繰り返されるのです。それは創造主の設計図である化学式に基づいているからです。ですから親となり兄弟となり夫婦となるのも化学式によるものといえます。しかし「親子でも夫婦の中も兄弟もみな銘々心違うで」と仰せいただきます。それぞれ幾多の出直しと再生で集結したお互いなので心が違うのも当然かもしれません。それゆえに意思の疎通を願いながら相克の関係や絶縁あるいは無理解や不合理で辛酸をなめねばならぬ関係を生じることもあります。これは決して偶然ではなく、神のお言葉に「因縁寄せて守護するこれは末代しかと治まる」とあるように因縁のあるものが組み合わされて助け合うところに、根源的な救済がなされて真の治まりになるとお示しいただくのであります。

おふでさきに「にち〳〵にすむしわかりしむねのうち　せゑぢんしたいみへてくるぞや」（六-十五）と仰せいただきますように、心を澄まして人と成る、という人間本来の生き方を踏襲することによって神の親心が見えてきて、黎明の至福意識に目覚めた人生が開かれるものと信じさせていただくのであります。

「陽気ぐらし」　いきいき生きるために

No.36　　平成十年十二月十日

巨城を誇る大阪城も何百階の高層ビルも基礎が盤石だからこその建造物です。上に伸びるには土台がいかに大切であるかが分かります。

スポーツで跳躍するにも、ホームラン王といわれる名選手も下から支えられる固い地盤があればこそであり、時速三百キロで走る新幹線のスピードと安全を約束しているのは動かないレールです。これが自然の示す天の摂理です。生きるということは法則を守り法則に護られるという約